手話奉仕員養成のための

講義テキスト

JN121376

手話奉仕員養成のための
講義テキスト

講義編の学習にあたって

講義編の学習にあたって

　厚生労働省策定手話奉仕員養成カリキュラムでは、入門課程において「聴覚障害の基礎知識」「手話の基礎知識」「聴覚障害者の生活」、基礎課程において「障害者福祉の基礎」「聴覚障害者活動と聴覚障害者福祉制度」「ボランティア活動」の6学科を学習するように決められています。本テキストでは、このカリキュラムに対応した講義として以下の6編を収めました。

※本テキストでは筆者によって「手話」と「手話言語」、「手話通訳」と「手話言語通訳」が使われています。意味に大きな差はありませんが、歴史的な事実や、言語性を強調することにより使い分けられています。

入門編

● 聴覚障害の基礎知識

　皆さんは、普段あたりまえのようにさまざまな音を聞き、声を使って話をしています。聴覚障害があると、どのような聞こえになるのでしょうか。障害に対する見方と聞こえの仕組みとともに理解しましょう。また聴覚障害者のコミュニケーション方法等を学びます。

● 手話言語の基礎知識（ことばの仕組み I [手話言語]）

　手話は言語です。現在のように手話が言語として認められ、広く国民に普及されるようになったのは最近のことです。手話言語はどのようにして生まれ、どのようにして受け継がれ、発展してきたのか、そして標準手話や地域の手話などについて学びます。

● 聴覚障害者の生活

　聴覚障害があると日常生活でどんな不便があるのか、不便な状況をどのように工夫し、また改善に取り組んでいるのかを学びます。ろう者と生活について話しあい、一緒に活動することは、ろう者の生活が豊かになることにつながります。

基礎編

● 障害者福祉の基礎

　聴覚障害のある人たちとともに生きることは、同時に人間に対する見方、人権感覚を豊かにすることでもあります。そして障害分野に関する全般的な動向を知り、障害者福祉の基本的な考え方、知識をきちんと持つことはとても大切な学習です。

● ろうあ運動ときこえない人に関する福祉制度

　ろう者は、かつては社会から排除され堪え忍ぶ苦難の歴史を背負ってきました。自分たちのことを分かってほしいと手話言語の普及に努め、社会参加のために運動を続けてきたことを踏まえつつ聴覚障害者の福祉について学びます。

● ボランティア活動

　最後に、皆さん自身が、これからもろう者とともに地域での活動を続けていくため、ボランティア活動について、手話サークル活動について学びます。

講義 入門編

聴覚障害の基礎知識

　聴覚障害とはどんな障害でしょうか。耳が聞こえない？全く聞こえないのではなく聞こえにくい？「聴覚障害者」「難聴者」「中途失聴者」「ろう者」「きこえない人」「きこえにくい人」など、いろいろな言い方があります。この講義は、聴覚障害の様子は一人ひとり違っていて多様なものであること、そして障害に対して「社会モデル」の見方、考え方が大切であることを知っていただくための学習です。

1. 社会モデルと医学モデル

　障害の見方、考え方について、「社会モデル」と「医学モデル」の2つがあります。
　「医学モデル」は、障害を個人の心身機能によるものとし、専門家による治療やリハビリを行うなど、個人的な問題として捉える考え方です。これに対し「社会モデル」は、心身の機能障害に加えて社会的障壁(事物、制度、慣行、観念その他一切のもの)が日常生活、社会活動においてさまざまな制約、バリアをつくりだしている、その障壁を取り除くのは社会の責務であるとし、社会全体の問題として考える必要があるというものです。障害者権利条約や障害者基本法では、「社会モデル」の考え方をより重視しようという立場に立っています。
　アメリカでの例を紹介します。聴覚障害をDeaf(デフ)と表記する場合とdeaf(デフ)と表記する場合があります。Deafは社会モデルの考え方に基づいており、「聞こえる」「聞こえない」という聞こえに関する属性を示しているだけで、両者は基本的に対等であると

いう考え方です。また、Deafには手話などの独自の文化(ろう文化)をもつ人々、音声日本語とは異なる「手話言語」を使う言語的マイノリティであるという見方もあります。
　これに対しdeafは医学モデルの考え方に基づいており、聞こえることの優位性を強調し聴覚障害者は治療やリハビリ訓練によって、聞こえる社会に適応する必要があるという考え方です。かつてのろう教育はこの適応という障害観を基本に、口話(後述)を身につけることによって聞こえる世界に入れるという考え方が主流で、多くのろう者が困難な学習環境にあったことが数多く報告されています。
　皆さんが学ぶこのテキストで記載する「ろう者」は、社会モデルに立ったDeafの意味で使っています。なお、「障害」という表記は「害」の漢字がマイナスのイメージを与えるとして、「障がい」や「障碍」の表記が望ましいとする主張もあることを付記しておきます。

2. 耳の働き　暮らしと耳の役割

　耳は音を聞く感覚器官です。人間は耳で音をとらえ、聴神経により脳に伝え、脳で音による情報を処理します。
　人は、耳でことばを聞き、周りの人々との関わりの中でことばを理解し、自分でも発音・発語するようになります。そしていろいろな経験や学習を積み重ねて、ことばを駆使していくようになります。
　しかし、耳で聞くのはことばだけではあ

りません。私たちの生活にはさまざまな音があります。どんな音があるでしょうか。また、聞こえなかったらどうなるのでしょうか。想像してみましょう。

朝の目覚まし時計の音、誰かが起き出して動いている音、料理するときの包丁の音やお湯が沸く音、自動車の音、電車の音、さまざまな音に囲まれています。音によって周囲の様子を把握することができます。聴覚障害者は見えないところの様子は分かりません。後方から呼びかけられても、あるいは後方から誰かが来ても分からないことが多いです。そのため、職場等で聴覚障害者の席の後方に出入り口があると、とても不安になります。聴覚障害者の視界に入るところで情報の保障をする、情報を見える形で保障する環境整備が必要です。視覚には見える範囲（視界）があり、遮るものがあると見えませんが、聴覚は前後左右、上方下方どこからでも音が聞こえてきます。目はまぶたを閉じれば見えなくなりますが、耳にはふたがないので、24時間ずっと音が聞こえる状態です。住宅に火災警報機の設置が義務づけられていますが、寝ているときに火事が起こった場合、火災警報機の警報音が鳴ったらきこえる人は寝ていても気づきます。しかし、聴覚障害者は聞こえません。点滅する光で知らせるフラッシュライトや枕元で振動する器具を取りつけるなどの工夫が必要です。

音楽を楽しむ、自然のさまざまな音、例えば川のせせらぎ、海の波が寄せては返す音、風の音、鳥の鳴き声、また、映画やテレビに使われる効果音など、私たちの気持ちに音はとても関わりがあります。聴覚障害者は、きこえる人と同じように聞こえるわけではありませんが、聴力に応じて補聴器を装用するなどして、音を楽しんでいる人は多くいます。カラオケを楽しんだりダ

ンスを趣味としたりしている人もいます。

聴覚障害者は、自分の発音を自分の耳で聞いて調節することが難しいことがあります。また、廊下を歩く音や戸の開け閉めなど、大きな音を出すことで注意されることもありますが、物音に気を配りながら行動することがうまくできない場合もあります。

まとめると、耳で聞くことの役割はこのようになります。

> ①音声言語によるコミュニケーション
> ②さまざまな音により周囲の状況を把握できる
> ③危機を感知する
> ④情緒を豊かにする
> ⑤行動を調整する

3．音とは

耳で聞く音は空気の振動（音波といいます）によって伝わります。「音の三要素」といわれているのが次の3つです。

①音の大きさ（Loudness:ラウドネス）
　※物理的には「強さ」（音圧）
②音の高さ（Pitch:ピッチ）　周波数
③音色（Tone:トーン）　波形の特徴（周波数成分）

音の大きさは、空気の振動の強さで決まります。物理的な「強さ」を表す音圧レベルはdB（dBSPL:サウンド・プレッシャー・レベル sound pressure level）という単位を用いています。

ただし、聴力検査（後述）で使われている単位「dB」は、この音圧レベルのdBではありません。というのは、人間は周波数によって聞こえ方が違います。一般的に低い音ほど感度が鈍くなると言われ、高い音より強くしないと聞こえないのです。このため、周波数ごとに聴覚障害のない人が

もっともよい条件で聞こえる最小音圧の平均値をJIS規格（JIST1201）で定めています。これを聴力レベルとしてのdB（dBHL：ヒヤリング・レベル hearing level）といいます。この２つのdBを混同しないように注意してください。

音の高さは、空気の振動の早さで決まります。１秒間の振動数を周波数といい、Hz（ヘルツ）という単位が用いられています。振動数が多いほど高い音になり、人間では20Hz〜20,000Hzの範囲が聞こえます。この範囲を超えると聞こえません。

音色とは、音の質や印象を表すことばで、楽器などの発音体によって音波の波形が違ってきます。同じ大きさ、高さであっても、たとえばトランペットとフルートでは違って聞こえます。実際にトランペットとフルートの音をオシロスコープで見ると波形がまったく違います。これは楽器に固有の周波数成分があり時間的なパターンも異なることによります。

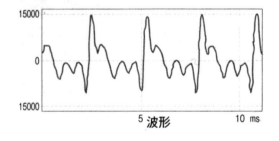

谷村康行『おもしろサイエンス 波の科学』日刊工業新聞社より

【図1　トランペットとフルートの波形】

4．聞こえのしくみ

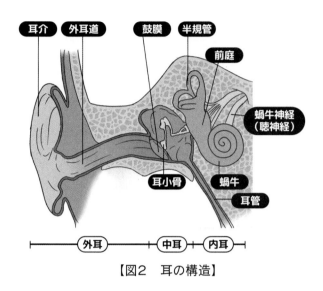

【図2　耳の構造】

音は空気の振動で伝わります。外耳道を通り、突き当たりの鼓膜を振動させます。耳介と外耳道を「外耳」といいますが、外耳道の長さは大人で２〜３㎝ほどで、聞き取りやすいよう高い音（３kHz〜４kHz）を共鳴させて強調する役割をもっています。

そして、鼓膜の振動を効率よく内耳に伝えるため、鼓膜と連動する３つの耳小骨との「面積比」と「てこの原理」で振動を増幅します。この部分を「中耳」といいます。

増幅された振動は、カタツムリの形に似ていることから「蝸牛」と名づけられた器官に伝わります。中はリンパ液で満たされており、音（進行波）に刺激されて電気信号を発生させる有毛細胞があります。ちょうど音のセンサーの役割を果たしているといえます。この蝸牛は、伸ばせば約３㎝の長さです。入り口（耳小骨側）の有毛細胞は高い音を感知し、低い音は奥の有毛細胞で感知します。蝸牛と一緒にあるのが前庭・半規管で、平衡感覚に関わる器官です。これらを総称して「内耳」といいます。

中耳までは、音を振動で伝える部分なの

で「伝音系」と呼びます。内耳以降は、聴神経を通る電気信号（パルス）に変換されて脳に伝えられ「音」として感じる部分であることから「感音系」と呼びます。

　鼓膜に穴があく、耳小骨の硬化や中耳に水がたまるなどの病変が起こり、振動がうまく伝わらないために難聴となる場合を「伝音性難聴」と呼びます。

　蝸牛の有毛細胞の損傷や聴神経の損傷で電気信号がきちんと脳に伝わらない場合は「感音性難聴」と呼びます。

　また、伝音系にも感音系にも障害が起こる場合、「混合性難聴」と呼びます。

5．聴力検査

（1）純音気導聴力検査

　聴覚障害の診断のために聴力検査を行います。検査はいろいろとありますが、通常はオージオメータという検査機器を使って測定します。レシーバーを付け、1,000Hz、2,000Hz…8,000Hz…と周波数ごとに「ピー」「プー」という純音（単一の振動数で、完全な正弦波形を描く音）を聞き、どのくらいの大きさになったら聞こえ始めるか、その聞こえ始めの数値（閾値）を測定します。これを「純音気導聴力検査」といいます。測定の結果はオージオグラムという用紙に記入します。横軸は音の高さ（Hz）で、左は125Hzの最も低い音から右は8,000Hzの最も高い音まで7つの周波数ごとの聞こえの様子が分かります。縦軸は音の大きさ（dBHL）で下にいくほど大きい音になり、聞こえにくい程度が分かります。

　身体障害者手帳交付の基準に使われる平均聴力レベルというのは、話しことばを聞くときに大切とされる周波数500Hz、1,000Hz、2,000Hzの3つにおいて測定された聴力レベルを次のように計算したも

のです。

　（500Hzで測定された聴力レベル＋1,000Hzで測定された聴力レベル×2＋2,000Hzで測定された聴力レベル）÷4

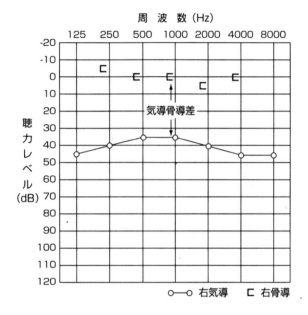

【図3　オージオグラム】

この他に次のような検査があります。

（2）骨導聴力検査

　純音気導聴力検査と同じ機械を使いますが、レシーバーの代わりに振動子（バイブレーター）を頭につけ頭蓋骨を通して直接内耳に伝導させて音を聞かせる検査です。純音気導聴力検査で聴力の低下が認められ、骨導聴力検査でも低下しているときは感音性難聴、骨導聴力検査では低下していないときは伝音系に障害があるとみられ伝音性難聴と診断できます。

（3）語音聴力検査

　純音がどのくらい聞こえるかということと、話しことばをどのくらい聞き取れるのかということは違います。感音性難聴者は充分に大きな音を聞いていても100%の聞き取りはできないことが多いといわれています。また、同じ聴力レベルの人でも、どのくらい聞き取れるのかは一人ひとり違う

ものです。このことばの聞き取りの検査を語音聴力検査といって、数字を使う場合と「あ、き、し…」という単音節を使う場合があります。また、「からす」「リンゴ」のように単語や短文を聞いて検査する了解度検査もあります。

（4）乳幼児の聴力検査

通常の聴力検査は、音を聞いて聞こえたらボタンを押すなどの方法で進められます。しかし乳幼児の場合は、聞こえてくる音に反応してボタンを押すということが難しいので、聴性行動反応（音が聞こえたらピクッとする、まぶたを閉じる等）などで調べる他覚的検査が必要になります。中でも新生児の脳波で調べる「新生児聴覚スクリーニング検査」が広く行われるようになりました。この検査で「リファー」（要再検査）とされた場合は耳鼻科で精密検査を受けて経過を見守ることになりますが、この間の家族への支援は重要だといわれています。障害の「医学モデル」だけでなく「社会モデル」についても十分な情報提供ときちんとした対応が求められています。

6．聞こえの実態

伝音性難聴の場合は、音を内耳に伝える部分の障害のため聞こえる音が小さくなってしまいますが、内耳に異常がない場合は、補聴器で充分に大きな音に増幅すれば聞き取りは改善されます。補聴器の装用効果がかなり高いといえます。

感音性難聴の場合は、例として「あいうえお」のように低い周波数で強いパワーをもつ母音は比較的よく聞き取れますが、「さしすせそ」などの子音は高い周波数が中心でパワーも弱いため、2,000Hzからの高い音が聞こえにくい聴力型の場合、補聴器

で十分な大きさにしても聞き取りは不明瞭です。例えば「明日（asita）」は母音だけの「アイア」と聞こえてしまうことが多いのです。

ただし、聴覚障害者の一部には「補充現象」といって、わずかに音量を上げるだけでも極端にうるさく感じる場合もあるので、不用意に強大音を出すのは注意する必要があります。きこえる人が騒がしい所でも会話できるのは、自分が聞きたい音だけを選んで聞く能力（カクテルパーティー効果）があるからですが、聴覚障害者は補聴器や人工内耳を装用しても、聞きたい音を騒音から選び出す力が十分に機能せず聞き取りが困難になります。

【感音性難聴の特色】

①小さい音が聞こえない　60dBHL以上に聴力レベルが落ち込むことが多い
②話しことばの聞き取り（聞き分け）が難しい
③大きい音はうるさく感じてしまう
④聞きたい音が選び出せない

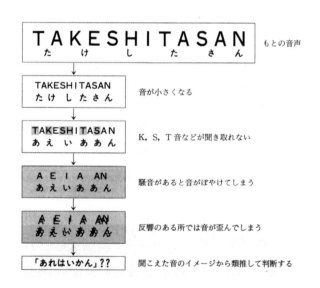

（大沼直紀『教師と親のための補聴器活用ガイド』コレール社より）

【図4　難聴の聞こえの模式図】

感音性難聴では、補聴器を装用する場合、音を大きくして音として聞くことはできてもことばの聞き取りが十分にできないため、補聴器の効果に限界があることを知ってください。メガネは調整すれば見たいものはくっきりと見ることができますが、補聴器では高性能な機種で調整しても、明瞭な聞き取りを期待できない場合が多いのです。

7．身体障害者福祉法における障害認定、等級

聴覚障害により身体障害者として認定される基準は、身体障害者福祉法に定められています。

身体障害者障害程度等級表は、最も軽度な7級から最も重い1級まであります。聴覚障害の場合は6級から認定され、1級飛んで4級、3級と続き、最重度で2級とされています。

2級	両耳の聴力レベルがそれぞれ100デシベル以上のもの（両耳全ろう）
3級	両耳の聴力レベルが90デシベル以上のもの
4級	両耳の聴力レベルが80デシベル以上のもの 両耳による普通話声の最良の語音明瞭度が50％以下のもの
6級	両耳の聴力レベルが70デシベル以上のもの 一側耳の聴力レベルが90デシベル以上、他側耳の聴力レベルが50デシベル以上のもの

等級は1級から7級まであるが、「聴覚障害」の場合は2・3・4・6級のみである。
ただし、「聴覚障害」2級と「音声機能、言語機能の障害」3級を重複して、最重度の1級に認定できる。

【表　身体障害者福祉法による身体障害者障害程度等級表　聴覚障害の等級】

この基準により身体障害者と認定されれば、身体障害者手帳が交付され、さまざまな福祉サービスを受けることができます。

障害が重複する場合、「聴覚障害」2級に加え、「言語機能障害」3級（音声言語で意思疎通ができない）に該当すると診断された場合は、指数加算により1級に認定されます。

8．ことばの発達と聞こえ

聴覚障害の実態について理解するとき、どのくらい聞こえないのか、どのくらい聞き取れないのかということだけでなく、何歳から聞こえない・聞こえにくくなったのかということも重要です。

森寿子『重度聴覚障害児のスピーチの獲得』によれば、1歳頃に意味のあることばを話し始め、3歳までに文法的に正しい構文で話せるようになり、5歳代に日本語の110音節のすべてを発音できるようになり、6歳代でスピーチの能力はほぼ完成します。このとき、脳細胞の発達も密接に関わってきます。音声言語は耳で聞きますが、ことばとしての理解は脳で処理しているのです。脳は新生児期から急速に発達していきますが、10歳から11歳くらいにはほぼ成熟します。

このことから、スピーチの能力がある程度できてから聴覚障害になった場合は、聞こえなくなっても発音のひずみは少なく文法的な誤りもほとんど生じません。しかし、先天的またはスピーチの能力が身につく以前に聴覚障害となった場合は、補聴器や人工内耳の装用で聞こえを補い、発音・発語指導などの専門的な教育によって日本語を習得する必要があります。それも脳の発達が頭打ちになる前にしなければなりません。このことから聴覚障害児の教育は早期発見・早期教育が大切といわれています。

1歳半健診、3歳児健診の公的健診に聴覚

検査が取り入れられていますが、近年は産　婦人科、耳鼻咽喉科、療育・教育機関等の連携を必要とする新生児聴覚スクリーニング検査が広く行われるようになってきました。聴覚障害児の教育の場として、都道府県でろう学校（地域によっては特別支援学校、聴覚支援学校等の名称もあります）が設置されています。ろう学校の他に、難聴学級に在籍あるいは通級指導教室に通うことで地域の学校で学ぶ場合もあります。

　しかし、社会モデルの考え方に立ったとき、ことばは音声言語だけではありません。視覚言語としての手話言語があります。聴覚障害があると「ことばを身につけることはできない」と決めつけることは間違いです。手話言語を獲得・習得してコミュニケーションすることが充分にできます。手話言語の学習を通して書記日本語を身につけることができます。ろう学校では、音声言語とともに視覚言語として手話の習得と活用を図ることにより日本語の読み書きができるように教育しています。

9. 補聴器と人工内耳

　聞こえのサポートとして補聴器があります。昭和40年代頃まではポケット型補聴器が主流でしたが、電子工学の発達により、現在は耳かけ型補聴器、耳あな型補聴器が主流となり、また電子回路もデジタルに変わってきました。補聴器の活用には、耳鼻科医（補聴器相談医）に診断してもらい自分の聞こえをよく知る必要があります。そして認定補聴器専門店のマーク（図5）が表示されている専門店に行って、自分の聴力に合った補聴器の選定、そして繰り返し念入り

図5

に調整をしてもらう必要があります。

　現在、聴覚障害が認定され身体障害者手帳を交付されているのは全国で約34万人（厚生労働省2016年全国在宅障害児・者実態調査報告）といわれています。身体障害者手帳の交付があれば、補聴器購入の補助制度を受けることができます。しかし、両耳の聴力レベル70dB未満の場合は手帳が交付されず、高額な補聴器購入が全額自己負担となります。WHO（世界保健機関）は41dB以上の中等度難聴から補聴器の装用を推奨しています（日本での難聴者率は全人口の推定10%、一般社団法人日本補聴器工業会　JapanTrack 2022）。全日本難聴者・中途失聴者団体連合会では日本の障害程度を国際基準に沿ったものにするように「デシベルダウン」という運動を行っています。

　補聴器を装用する場合、両耳に装用するよう勧められることがあります。音がどこから聞こえるかという方向だけでなく、片耳で聞くよりも両耳で聞く方が聞きやすい、耳の負担が軽くなるという理由からです。補聴器での装用効果が不十分である場合は、人工内耳の手術があります。蝸牛に電極を挿入して、蝸牛にある聴神経に直接、電気的信号を与えるものです。手術をすれば装用閾値（いきち）は大幅に改善されますが、スピーチの聞き取りを主目的として電気的信号を与え調整しているのできこえる人と全く同じように聞こえるということではありません。テレビ番組でも、静音下でのアナウンスはよく聞きとれますが、バラエティー番組のように多人数でのトーク番組は十分に聞き取れません。音楽については、リズムは聞き取れますが、メロディーはよく聞き取れません。中途失聴者への手術では、スピーチの聞き取りがかなり改善し効果が大きいといわれています。聴覚障害児

への手術は、「原則1歳以上」、「両耳とも平均聴力レベル90dB以上」、「補聴器のみでは音声言語の獲得が不十分と予想される」などの日本耳鼻咽喉科学会の適応基準により、聴覚障害児に広がっていますが、医療機関のケア、日常生活で聴覚活用の指導、家族の支援、この3つの支援が連携してうまくいくことが大切であるといわれています。

10. 聴覚障害への支援、福祉制度など

「暮らしと耳の役割」のところで、聞こえない、聞こえにくいことで、どんな不便があるか、どんな生活を送っているのかを少し説明しました。皆さんも、もし聞こえなくなったらどうなるか想像してみましょう。また聴覚障害者に聞いてみましょう。そして、どんな方法でその不便さを解消、あるいは軽減できるのかを考えてみてください。

補聴器以外で聞こえを補う方法、聞こえのサポートについて、いろいろな工夫があります。例えばテレビは字幕放送が増えていますが、音声情報も楽しみたいというきこえにくい人もいます。家族でテレビを見ているとき、難聴のために音量を大きくすると他の家族がうるさがって困る人が多いと思います。その場合は、ヘッドフォンを使う、家庭用の磁気ループを購入し、補聴器のT回路からテレビの音を聞くなどがあります。音をいろいろな機器を使って増幅し伝える方法と、音のかわりに光、振動、文字、手話による方法があります。以下に主なものあげます。

●音を増幅したりして聞く
・補聴器、人工内耳
　よく調整された補聴器や人工内耳を用

いることで、通常の会話場面では一定の効果が期待できます。しかし、日常生活では騒音や反響音も多く、音源からの距離に影響を受けやすい場合もあり、話し手がマイクを使用し信号をワイヤレスで送る「補聴援助システム」が広く利用されるようになりました。その方式としては、磁気誘導ループシステム・赤外線補聴システム・FM補聴システム・デジタル無線システムなどがあります。この他、聞きやすいよう工夫したスピーカーなどがあります。

●視覚情報を活用する
・手話、手話通訳、指文字、読話、筆談、要約筆記、身振り
・テレビ字幕放送
・通信手段としてファックス、eメール他各種のメール、テレビ電話、電話リレーサービス
・音声認識アプリ
・電光文字表示機器など

●信号による方法
・振動・光による呼び出し器、屋内信号装置、振動目覚まし時計など
身体障害者福祉法により身体障害者手帳を取得した聴覚障害者が使える福祉制度については、障害者総合支援法によるものを中心に、次のものがあります。
・補装具としての補聴器の支給
・日常生活用具の給付・貸与
・屋内信号装置（ボタンを押すと光や振動で合図して来客があることなどを知らせる、赤ちゃんの泣き声を感知して知らせるなどの機器）、ファックス、聴覚障害者用情報受信装置（障害者放送通信機構による手話と字幕による「目で聴くテレビ」が受信できる「アイ・ドラゴン」）など

・手話通訳者の派遣、要約筆記者の派遣
・障害基礎年金の受給
・税金の控除
・JR、私鉄の列車・バス、高速道路、飛行機などの交通機関の割引
・NHK受信料の減免　など

コミュニケーションの方法は、後述のようにいろいろな方法があります。1つだけの方法で良いというものではなく、時と場所、内容、また相手に応じて、いろいろな方法を選択し活用します。基本的に大切なことは、聴覚障害者は目で見ていますので、お互いに顔を向き合わせ、表情や口の動き、手の動きが一緒に見えるようにしてください。話し手の背後が明るいとまぶしくて見にくいことがあることも注意してください。

●口話（発音・発語と読話）

口話というのは、発語と読話を使い、きこえる人と同じ方法でコミュニケーションする方法です。読話というのは、相手の話を口の形と動き、表情・文脈などから読み取ることです。「1時（いちじ）」と「7時（しちじ）」のように、口の形が同じことばがあり、簡単な日常会話程度なら何とか通じるくらいで、身振り、筆談、手話を交えて使ってもらうと確実で分かりやすくなります。聴覚障害者の発音は、自分では聞こえず調節できないまま発音していることもあり、聞き取りにくいことがありますが、決してその発音を笑ったりするようなことはしないでください。口話を利用する場合、お互いに曖昧な分かり方はしないで、筆談や身振り、手話を交えて、確実に伝え合いましょう。

●筆談、要約筆記

文字を書いて伝えます。時間はかかります。紙がないときは、空間に書いたり（空書き）、手のひらに指で書いたりします。

筆談用のグッズもいろいろと販売されています。留意していただきたいことは、皆さんが英語を学習してもなかなか英語の読み書きができないのと同じように、日本語の読み書きの苦手なろう者もいます。理解できないことばや言い方があったりします。分かりやすく、簡潔に書くなどの工夫が大切です。話し手の話の内容をつかみ、それを文字にして伝えることを要約筆記といいます。手書きとパソコンを使う方法があり、チームで要約筆記しスクリーンに映し出す方法の他、聴覚障害者の隣に座り筆記やパソコンで伝える（ノートテイク）方法などがよく利用されています。

●手話言語、手話通訳

手話言語はろう者の集団から生まれ、発展してきた「目で見ることば」です。この手話奉仕員養成講習会で、ろう者と手話で会話できるように頑張って学びましょう。

手話通訳は、話を聞いて手話に変える「聞き取り通訳」とろう者の手話を見て音声日本語に変える「読み取り通訳」の2つからなり、ろう者にとって大切なコミュニケーション支援です。

〈参考文献〉
・大沼直紀著『教師と親のための補聴器活用ガイド』コレール社、1997年
・森寿子著『重度聴覚障害児のスピーチの獲得』にゅーろん社、1992年
・公益財団法人テクノエイド協会HP
・『中途失聴・難聴者と家族のための聞こえのハンドブック』及びHP　特定非営利活動法人東京都中途失聴・難聴者協会、2014年
・挾間章博、垣野内景著『なぜからはじまる体の科学「聞く・話す」編』保育社、2020年
・一般社団法人日本補聴器工業会　JapanTrack 2022 調査報告

手話言語の基礎知識
（ことばの仕組み1［手話言語］）

ここでは、私たちが学んでいる手話言語が日本語と等しく言語であることを理解するために、手話言語と身振りの関係、日本における手話言語の歴史、そして手話言語の多様性について学びます。

1. 身振りと手話言語の違い

自分の鼻先を指さして「私」とする表現は日本人であれば誰もが小さい頃から親しんできた身振りでしょう。「約束（指切り）」などの表現もそうであるように、手話は多くの身振り表現が使われていますので、手話言語は身振りから発展したものという直感的な理解をされていることと思います。この理解に間違いはありませんが、同じものではありません。身振りと違って、手話言語は語彙と文法を備えた言語です。

この章では、身振りにどんな種類があるのか、きこえる人の集団でも高度な身振りシステムが発展した例があること、そしてきこえない人の手話言語が身振りシステムとどのように違うのかを学びます。

（1）身振りの種類

きこえる人の身振りを対象とする研究では、「拍子」「指差し」「描写」「エンブレム」の4種類に分類しています。

図1の左側にある「拍子」とは、例えば人差し指を立てて前後に小さく動かす身振りのことで、発話に自然に伴って現れ、手指の代わりに首のうなずきや上半身の決まった動きで現れることもあります。この動く手指などの形は変わることなく、発話の内容によって動きが止まったり激しく動いたりすることに特徴が見られます。話のリズムに合わせて人差し指をタクトのごとく振って、重要なポイントにきた時にその動きを止めるようなものです。肯定的な話をするときに首のうなずきが多くなる日本人がいれば、首を横に傾けるように振るインド人もいるように、この拍子は文化的な差異が見られ、各国の手話言語それぞれの特徴あるリズムの基となっています。

「指差し」は文字通り人差し指で何かを指す動きですが、掌を使った丁寧な表現や、ものに直接触る「手差し」なども含め

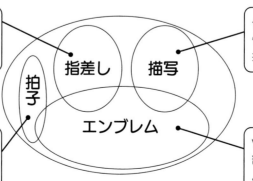

「身振りシステム」はどんなものか

手をある方向に向けたり、ある場所を触ったりすることで、方向、場所、事物を指し示す身振り。

体の動きと指示対象との間の類似性に基づいて表現される身振りで、抽象的なものも見られる。

指差し　描写

拍子　　エンブレム

上下・左右など双方向的に小さく動く身振りで、発話のリズムを取ったり、発話を強調したりする。

Ｖサイン、お辞儀などの社会的に慣習化された身振りで、国（文化）によって異なることが多い。

【図1　身振りの4種類】

て、図1では、「手をある方向に向けたり、ある場所を触ったりすることで、方向、場所、事物を指し示す身振り」という説明になっています。見えるものを指さす例もあれば、見えないものを指さす例もあります。例えば、ある人が帰った後の空いている椅子を指して「さっきの人は…」と発話するとか、遠く見えないところにある駅の大体の方角を指さすとか、これらの例は手話言語でよく見られる使い方で、身振りの1種類である指差しが手話言語において指示詞（PT）の役割を果たしています。

　3番目は「描写」です。ものの形や状態、動き、位置関係などを手指で再現するような映像的なものと、ものではない抽象的な内容を空中で手指により視覚化して描写する暗喩的なものがあります。前者は建物の位置関係を説明する場面、後者は2つの案を比較して説明する場面で、例を考えられると思います。この描写的な身振りは文化的な差異がほとんどなく、手話言語では物の形や動き、物を動かす様子を表す「CL表現」の基礎となっています。（「ことばの仕組みⅡ」では「類別辞構文」として解説しています。）

　最後にあげる身振り「エンブレム」とは、Vサイン、お辞儀など社会的に慣習化された身振りのことで、お辞儀の例を見て分かるように、文化によって異なるものが多く見られます。エンブレムは他の3種類と違って、発話を伴わなくても相手に特定の意味を伝えられると言う特徴があります。例えば、職場で仕事が終わる時間に隣の同僚と身振りで「一杯どう？」「OK！」とやりとりをするときにエンブレムだけで通じ合える、むしろ発話がない方が、周りに2人の会話が知られなくて良いというようなものです。また、「お金」を意味するエン

ブレムから〈高い〉〈銀行〉〈給料〉〈ケチ〉などの手話単語を思い浮かべられるように、エンブレムは手話言語の語彙と文法両方の形成に大きな役割を果たしています。

　きこえる人の身振りが「拍子」「指差し」「描写」「エンブレム」の4種類に分けられること、そしてこれらが手話言語の語彙と文法、両方の形成に大きな役割を果たしていることを学びました。次節ではきこえる人の集団が発展させた身振りシステムの実例を見ていきましょう。

（2）きこえる人の身振りシステム

　きこえる人たちも音声が使えない時は身振りを使ってコミュニケーションを取ることがしばしばあります。音声が使えない状況が比較的長く続くと、身振りコミュニケーションに頼る時間も長くなり、より洗練された身振りシステムが形成されることがあります。実例を物理的な制約、宗教的な制約、職業的な制約、社会的な制約に分けて見ていきます。

　物理的な制約とは音声が物理的に伝わりにくいという意味で、水中で活動するときに音声が伝わりにくい場面や、話し相手の姿が見えても位置が遠く離れていて音声が伝わらない場面が考えられます。例えば、スキューバダイビングをするきこえる人たちの中では、水中で必要となる情報を手指や腕を動かして伝えるシステムが作られています。インターネットで「ダイビングハンドサイン」と検索するとさまざまな例が出てきます。水中で音声が伝わらないという物理的な制約のある継続的な状況で、きこえるダイバーたちが手指や腕を使って情報や意思を伝え合う身振りシステムを作り上げた例があると言うことです。

　次は宗教的な制約です。キリスト教のベ

ネディクト会から派生したシトー修道会などで、少なくとも6世紀の頃から手指を使ったコミュニケーションが続けられてきたことを示す文献があります。修道会では、ミサ（お祈りの時間）以外の日常生活で音声を使って話すことを禁じる戒律があり、沈黙（音声を使わない）を遵守する代わりに手指でコミュニケーションを取ることを認めていました。そのために音声言語の文字を手指で表す指文字や、音声言語の単語に相当する手話が作られ、この身振りシステムは現在も伝承されているようです。ちなみに、修道会で作られた指文字がスペイン、やがては欧州でろう教育に導入され、米国にも伝播しています。大阪市立聾唖学校（現 大阪府立中央聴覚支援学校）教員が米国視察から持ち帰った米国の指文字が日本の現在の指文字の基本になっていますので、修道会の指文字が日本の指文字形成に影響を与えていることになります。

第三の制約は職業に関わるものです。北米地域の先住民が手指を使って話していたことはいくつかの文献で知られており、1930年に収録された記録フィルムの動画をYouTubeで視聴できます（「Indian Sign Language Council of 1930」で検索してください）。いくつかの部族の首長が手指を使って話しています。先住民の主な職業は狩猟ですから、集団行動をとりながら不要な音を立てずに獲物を仕留めるという職業上の目的を達成するために、音声を使わずに手指でコミュニケーションをとる必要があったようです。現代でも人質の救出作戦で音声を使わずに手指でコミュニケーションを取る例があります。なお、先住民が作った身振りシステムは米国のアメリカ手話言語の形成に影響を与えたともいわれています。

最後の社会的な制約は、オーストラリアの先住民アボリジニ族に伝わる身振りシステムが例として挙げられます。夫に死なれた女性が音声を使って話すことが社会的なタブーとされ、その女性は手指を使って話すことになります。それで、子どもがその女性（母）に話すときは音声が使われ、母が子どもに話すときは身振りが使われると言う状況が生まれます。

きこえる人の集団でも身振りシステムが形成される例を見てきました。きこえる人でも音声を使えないと言う制約があるときは身振りコミュニケーションに頼らざるを得なく、その状況が継続する中で身振りシステムが形成されると言うことです。

（3）きこえない人の身振りシステムと手話言語

きこえない人は聴覚に障害があるという身体上の制約により、きこえる人と同じように音声を使うことが厳しく、補聴器などによる聴覚の補償がないと音声言語を自然に獲得するのが困難です。それで、どうしても身振りコミュニケーションへの依存度が大きくなり、きこえない人のコミュニティにおいて、時間をかけて豊かな語彙と精緻な文法を備えた手話言語が生み出されました。（1）で述べたように、4種類の身振りそれぞれが手話言語の語彙と文法の形成に貢献しています。

2．手話言語の歴史

前章で手話言語がきこえない人のコミュニティにおいて、身振りシステムから発展したものであることを学びました。音声が発展してできた言語を「音声言語」と呼びますので、身振りが発展してできた言語を

「身振り言語」と呼ぶこともできます。欧州では、手話言語を意味する言葉が「身振り」と「言語」から成っている例が見られますが、ここでは「手話言語」の言い方を使うこととします。この章では、日本で手話言語が発展した歴史を概説し、全日本ろうあ連盟を中心に進められた標準手話研究事業について解説します。

（1）ろう学校を中心に発展した手話言語

ろう学校がなかった時代に、きこえない人（子ども）がいる家庭で身振りを使った家庭手話（一般にホームサインと呼ばれています）が使われていたことが世界各地の調査研究ではっきりしており、日本でもそういう状況があったことが想像されます。

1878（明治11）年に京都で初めてのろう学校が創立されて以来、全国各地で次々とろう学校が作られました。きこえない子どもたちが学校に入学し、それぞれの家庭手話を持ち寄って、身振りや手話を交えてコミュニケーションをとっていたことでしょう。教員が手話を収集整理したり、創作したりしたこともあったことが文献で分

かっています。例えば、『京都府盲聾教育百年史』には、その創立者古河太四郎が街に暮らすろう者を訪ねて手話を採録したことが書かれています。明治時代のろう学校創設から、手話ではなく音声で話す口話法の教育が始まる昭和時代初期までの約50年間が、ろう学校教員・生徒と卒業生を中心とするろう者コミュニティにおいて身振りを基盤に手話言語が発展した時代になります。その後も現在に至るまでろう学校卒業生のコミュニティを中心に手話言語が使われており、日本における手話言語の歴史は京都にろう学校ができた年から数えると約145年になります。

（2）当事者団体による手話言語の普及と発展

戦前からろう学校の同窓会や、きこえない人の福祉団体の活動がありましたが、戦後1947（昭和22）年に創立された全日本ろうあ連盟（以下「連盟」とする）は、きこえない当事者による当事者のための組織として、手話言語の普及と発展に向けた取り組みを推進する全国的な母体組織となりました。

【図2　『わたしたちの手話』第1巻】

連盟がまず取り組んだ事業は、標準的な手話単語を確定して普及する取り組みです。前節でろう学校において手話言語が発展したことを述べましたが、日本人に共通する身振りから生まれた手話が全国で共有されていても、各地のろう学校に独特の手話も多く生まれており、日本語の方言と同じような状況にありました。連盟が全国的な交流や人権を擁護する全国的な運動を展開するにつれて、全国的な標準手話へのニーズが高まってきました。

連盟は1969（昭和44）年に手話法研究委員会を設置し、全国から選出された委員の主導により『わたしたちの手話』第1巻を発行しました（図2）。1986（昭和61）年の第10巻まで続いたこのシリーズは、日本語を見出しとして、手話のイラストを掲載した単語集として、標準手話の全国的な普及と手話サークルの発展に貢献し、日本手話研究所（現 全国手話研修センター手話言語研究所）設立への流れをつくりました。標準手話研究事業は厚生労働省委託事業として継続されており、日本語見出しで13,000語を超える標準手話の主なもの

は、現在の『わたしたちの手話 学習辞典』2冊に収められ、日本語見出しではなく手話単語の構成要素の1つである「手の形」を基準に並べられています（図3）。

連盟による手話言語の普及と発展の取り組みは、全国手話通訳問題研究会等との協同による手話通訳制度化運動を促したほか、ろう教育に手話言語を導入する運動や手話言語法制定を目指す運動へと昇華しており、手話言語の社会的認知をさらに推し進めるものとなっています。

3. 地域差、個人差など日本の手話言語の特徴

日本語に方言があるように、手話言語にも方言があります。日本語の方言は語彙、文法、音韻、アクセントなどあらゆる面で調査研究がなされていますが、手話言語の方言は語彙調査がなされている程度で、それ以上の詳しいことはよく分かっていません。この章では手話言語に個人差が大きく見られることと、地域や年代による差の具体的な例を紹介します。

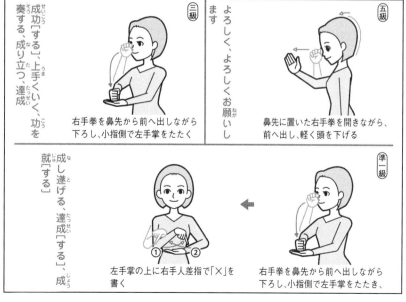

【図3　『わたしたちの手話 学習辞典Ⅰ』】

（1）個人による違い

　きこえる人は、乳幼児期から周りの音声を聞いて育ち、喃語(なんご)から一語文、二語文、三語文、複文と段階を踏んで音声コミュニケーションを積み重ね、小学校に入る頃までにその音声言語を母語として獲得するのが一般的です。一方、きこえない人は手話言語を母語として獲得する「一般的」なパターンがありません。生育環境、教育環境、音声言語能力、聴覚障害の発生時期と内容・程度などの条件などが一人ひとり違っているために、手話言語の獲得状況と使用状況がさまざまなものになっています。

　手話言語を使うろう者の家族に生まれ、乳幼児期から周りの手話を見て育ち、音声言語と同じ筋道を辿って小学校に入るまでにその手話言語を母語として獲得する例は多くてもきこえない人全体の10％程度の数にとどまります。以前はろう者の家族でも親や親族、周りの考えにより親が子どもに対して手話言語の使用を避ける例が多くありました。

　きこえる家族に生まれる場合は、乳幼児期から手話言語に接する例が少なくなりますが、それでもろう学校に入学して周りとの手話コミュニケーションの中で自然と手話言語を獲得する例が多くあります。最近はきこえる親や兄弟姉妹が手話言語を学ぶ例も増えてきており、手話言語の社会的な広がりも併せて、子どもが手話言語を使用するのに抵抗を持たない状況が生まれてきています。

　ろう学校ではなく主として一般校に育ち、大学時代や社会人に入ってから手話言語に初めて接するきこえない人も多くいます。母語獲得と同じ状況ではありませんが、多くが手話言語を第二言語として習得し、やがては日常生活の主なコミュニケーション手段として手話言語を使用する例が多くみられます。

　大まかな例として、ろう者の家族で手話言語を獲得するケース、ろう学校で手話言語を獲得するケース、社会人になってから手話言語を習得するケースなどがありますが、家庭や学校、社会の状況により、きこえない人の手話言語の獲得・習得や使用に大きなばらつきが生じているということです。

　日本語の習得状況も手話言語の使用に大きな影響を及ぼします。そして、日本語や手話言語とどのように付き合うかについて、きこえない人一人ひとり違うものがあり、さらにきこえない人自身の中でも時期（加齢による考え方の変化）や場面（日本語使用のプレッシャーがかかるかなど）によって変化が起こり得ますので、皆さんから見るときこえない人の手話言語使用が複雑なものに見えるかもしれません。きこえない人一人ひとりが手話言語と日本語をどのように使うかについて、本人とのコミュニケーションを積み重ねる中で理解を深めたいものです。

　もちろんのことながら、友人同士のカジュアルな使い方や目上の人への丁寧な使い方や講演・会議でのフォーマルな使い方など、日本語にもみられるような言葉の使い分けもあります。また、相手の話を手で触って理解する盲ろう者の触手話もあり、盲ろう者に対しては、頭の動きや顔の表情で伝える文法的なものを全て手で伝える必要が生じます。

（2）地域による違い

　連盟が1969（昭和44）年に開始した標

準手話の研究事業は社会福祉法人全国手話研修センターの手話言語研究所で継続して行われており、パブリックコメント募集を含めた委員会による検討作業で年間300語程の標準手話がウェブサイトで公開されています。

しかし、標準手話と違う表現が地域で使われていることも決して珍しくありません。日本語の地域方言と同様に、手話言語の地域方言もさまざまなものが使われており、言語の多様性を示しています。

インターネットで公開されている『日本手話言語地図（試作版）』で30代の年齢層を見ると、「犬」「猫」など地域的な違いが少ないものがあれば、「猿」「卵」などのように２つ程度の表現が分布するのもあれば、「体育」「茶色」など多くの表現が分布するのもあることがわかります。（「日本手話言語地図」で検索してください。）皆さんが手にするテキストや単語集は標準手話が使われていますが、講習会やサークルで地域のろう者が使う手話表現をも学んで、さまざまな形の表現に対応できるようになることが肝心です。

（3）年齢による違い

前節で紹介しました地域による違いの他に、年齢による違いもしばしば観察されます。インターネットで公開されている『日本手話話し言葉コーパス』の「手話のバリエーションはどんなものでしょう？」のページにて、奈良県における「北」の手話表現、群馬県における「水」の手話表現、石川県における「ジャガイモ」の手話表現、茨城県における「寄宿舎」の手話表現の４例が紹介されています。とくに「水」の例では、２つの連続した手話、口の前で手を震わせる手話、口の横で手を震わせる手話の３種類が年齢層に沿って観察されるでしょう。（「日本手話話し言葉コーパス」で検索してください。）

年齢による違いが見られるのは日本語でも同様です。手話言語では、ものの形や動きを模倣して作られる初期の説明的な手話表現が、時代を経て簡略化され、より恣意性のある記号、つまり語彙に発展するという流れが観察されることに特徴があります。

手話言語が日本語と等しく言語であることを理解するために、手話言語と身振りの関係、日本における手話言語の歴史、そして手話言語の多様性について解説しました。引き続き手話言語の構造についてさらに学ばれたい方は、『手話通訳者養成のための講義テキスト』所収の「ことばの仕組みⅡ［手話言語］」をはじめ、岡典栄・赤堀仁美著『文法が基礎からわかる　日本手話のしくみ』などを参考にしてください。

聴覚障害者の生活

はじめに

　聴覚障害者の暮らしは時代と共に変化してきました。ここでは筆者や他のろう者の経験を基に皆さんに考えていただきたいことをお話しします。

1. 家族とのコミュニケーション

　昭和の時代、ろう学校では「手真似を使ってはいけません」と言われ、手話は禁止されていました。当時は「手話」を「手真似（てまね）」と言っていました。先生の口の形を見て授業を受けていたのですが、友達同士では手真似でおしゃべりを楽しみました。手真似がきこえない私たちの唯一のコミュニケーション手段だったのです。「一般社会では手真似が通じないから口話（唇の動きで相手の話の内容を理解し、自らは音声で発語する方法）が大事」と先生から諭され、親は少しでも口の形が読めるようになってほしいと家の中でも口話での会話でした。しかし、「1時」と「2時」、「なまこ」と「たまご」など口形が同じになる言葉はたくさんあり、どんなに口形の読み取りが得意な人でもどんなに頑張っても、完全に理解するのには限界があります。親も必死でした。遊びたい盛りの子どもにとって、毎日家に帰っても授業の復習として口話の訓練をさせられるのは非常に辛いものでした。

　大人になると、家族や親戚と内容が深く濃い話をする機会が出てきます。口話だけでは伝わらないので、家族のプライバシー、デリケートな問題にも手話通訳が入らざるを得ない現実があります。長時間の法事などに手話通訳がいないと周りが何を話しているのか分からず、じっとそこにいるのはとても辛い時間です。

　最近では、ろう学校での手話活用が進み、子どもがきこえないと分かると、手話講習会に通い積極的に手話を身につける親もいます。手話がきこえない人の言語であることの理解が広まれば、家族同士のコミュニケーションも変わっていくでしょう。

　また、昔のテレビは音声が分からず、家族みんなが楽しくテレビを見ている中で、私は一人寂しい思いをしていましたが、現在では、テレビに字幕機能が標準で付いており、総務省では視聴覚障害者向けの放送普及のため、字幕・解説放送普及目標の策定、進捗状況の公表をしています。

　まだまだ少ないのですが、手話による放送も増えつつあります。

〈話し合ってみましょう〉
・夕食の時や家族一緒にテレビを見ている時にはコミュニケーションはどうしているのでしょう。
・昭和の時代は遊びたい盛りでも口話の訓練をしていました。今の教育はどのようになっているのでしょう。
・兄弟とはどのようにコミュニケーションをしているのでしょう。

2. 地域の人々とのコミュニケーション

「遠くの親戚より近くの他人」というように、何かあった時は近所の人が頼りになります。しかし、音声でのコミュニケーションがうまくいかないので、なかなか近隣の方とお付き合いをする機会が持てません。地域の人々とのコミュニケーションの重要性は分かっていても、一朝一夕には解決できない難しい課題です。

あるろう者の例ですが、近所で夜中に火事がありました。サイレンを鳴らして消防車が来たのですが、その人は気づかず寝ていたそうです。災害の時には、サイレン（警報）や災害放送が聞こえず情報が得にくいため、避難の判断に迷うことが多くあります。以前は「災害が発生したら避難所へ」となっていましたが、今は冷静に状況を判断してから避難するという方向になりつつあります。その判断には、あらゆる情報が必要です。そんな時、隣人からの声掛けや情報があると安心できます。そのためにも普段からのお付き合いは重要です。

きこえない障害は外見からは見えない障害といわれています。それゆえにどんな支援が必要か、どう対処したらいいのか理解されにくいのです。普段からのご近所付き合いできこえない人が住んでいることを知ってもらい、一声かけてもらえる関係が構築できていると大事にならずに済みます。

〈話し合ってみましょう〉
・普段、近所の人と、どんな話をするのでしょうか。
（例）○月○日に公園の清掃があるね。
　　　ゴミ出しの方法が一部変わったよ。
・きこえない人と話をするのにはどんな方法があるでしょうか。

3. きこえない人の子育て

きこえないと子育てで困ることは、たくさんあります。1961（昭和36）年に公開された映画『名もなく貧しく美しく』では、きこえない両親が乳児の泣き声に気づかず悲しい事件が起きてしまうことが描かれました。このように「あわや！」という経験をしたことのある人は少なくないでしょう。

子育てには、きこえる親以上に神経を使います。子どもが産まれて最初の壁は、夜間のミルク、おむつ替えです。泣き声がきこえないので、以前は夫婦で交互に起きて様子を見守ったり、泣き声の振動が腕に伝わるように赤ちゃんの頭を腕にのせて寝たりしていました。

最近では、音声をバイブレーターの振動に変換し、赤ちゃんが泣いていることが分かる便利な福祉機器等が開発され、ずいぶんと子育ても楽になりました。

少し子どもが成長すると、次の課題は言葉を身につけることです。子どもがきこえる場合は音声の言葉を覚えさせるために早めに保育園等に入れ、音声でコミュニケーションする環境作りをします。

きこえない親のもとで育った子どもは、そこで初めてきこえる子どもと一緒になり文化の違いに気がつきます。例えば、きこえない母親には体をポンポンとたたくのが呼びかけの合図ですが、きこえる母親には、「ママ～」と声で呼びかけます。保育園に通い始めたばかりの頃は、友達を呼ぶときに体をたたいてしまうので、保育士さんから注意されることがありました。きこえない文化では当たり前のことでも社会では理解されないことがあるのです。

全日本ろうあ連盟婦人部（現 女性部）の働きかけで、1979（昭和54）年にはきこ

えない親は優先的に子どもを保育園に入園させることができるようになりました。これは女性部の運動の歴史の中でも、特筆すべき運動の成果です。

子どもが少し大きくなると熱を出したりして、病院にかかることが多くなります。病院もきこえない人の対応に慣れてきて筆談で対応してくれるところや、看護師や関係者が手話を覚えようと頑張ってくれているところもあります。

子どもの学校ではPTA活動があります。きこえない親でも積極的に参加している人がいます。保護者会、授業参観日などは手話通訳を依頼しますが、ふだんのお母さんたちとの関わりは、筆談、口話、簡単な手話も交えて直接コミュニケーションをしている人もいます。

〈話し合ってみましょう〉
・子どもが熱を出したり、急病になったりした時はどうするのでしょう。
・子どもが小さい時、どのように子どもの訴えを理解するのでしょう。
・子どもが家に友だちを連れてきた時は、どうやって会話するのでしょう。
・学校での親同士のコミュニケーションはどうしているのでしょう。

4. 職場でのコミュニケーション

昭和50年代には、きこえない人の職種は、和洋裁、印刷、木工、タイピング、歯科技工など限られたものでした。しかし、今はIT関係、医師、弁護士、教師、介護士、調理師など多種多様な職業に就くことが可能になりました。手話のできるアシスタントを雇って仕事をこなしているろう者の弁護士もいます。しかし、職場でのコミュニケーションの課題は改善できていません。

例えば、朝礼や会議は参加していても内容が分からず、終わった後にメモを渡されるだけで自分の意見は言えない、音声で交わされる雑談に入れない、職場の懇親会に参加してもお互いに気をつかい疲れてしまうといった状況があります。仕事に不満がなくてもコミュニケーションが円滑にできないことで会社を辞めてしまう人も少なくありません。

他にも職場で「銀行に行ってきます」などと言って同僚が外出するとき、きこえない人はそれに気づかず「同僚がいなくなった」と不安になり、同僚は「声をかけたのに無視された」と誤解してしまうことがあります。簡単な手話、身振り、筆談などでコミュニケーションを図ることが当たり前になれば安心して働ける職場になります。

一方で、社内の人に簡単な手話を教えたり、社内に手話サークルがあり、ある程度手話でコミュニケーションができるという例もあります。会社全体できこえない責任者を配置して常識やマナーなどの学習をしたり、きこえない人の支援を行っている会社もあります。UDトークなどの音声認識アプリを活用している会社も増えています。私の職場の会議では、筆談でポイントを絞って伝達しています。現場でアクシデントがあった時、以前は連絡に時間がかかりましたが、今はLINEグループを使って的確に動くことができます。

ただし、文字でのコミュニケーションは万人に向いている方法とは言えません。

例えば「この仕事が終わったら来なさい」と言われているのに「仕事の終わる時間に来なさい」と意味を取り違え、終業時間の5時に行ったら怒られたという例があります。きこえない故に言葉の意味を間違って解釈してしまう場合があるのです。

私が働く介護の現場にもきこえないヘル

パーさんが増えてきました。介護の現場は介護をする人とされる人のコミュニケーションで成り立っています。私自身の経験ですが、訪問介護の仕事で認知症のある利用者を受け持った時のできごとです。

利用者さん宅にいた時、デイサービスの迎えの運転手から私あてに電話が鳴りました。利用者から「ヘルパーさん、電話だよ」と言われましたが、私は「耳がきこえないので、電話はできません」と答えました。すると、利用者がその電話を取り、「あのね、ヘルパーさんお耳がきこえないんだって。だから代わりに聞くね。」と要件を聞き、ヘルパーの私に伝えてくれたことがありました。認知症の病状は中程度の方でしたが、自分がしっかりしなくちゃという気持ちでシャンとしたのでしょう。改めて人間のすばらしさを感じました。「きこえないからできない」ではなく、「きこえない人がいることで変わっていくこともある」と理解できる企業が増えてほしいと思います。

〈話し合ってみましょう〉
・職場の班会議や所属の係会議はどのようにしているのでしょう。
・職場の研修はどのようにしているのでしょう。
・同僚や上司との会話はどのようにしているのでしょう。

5. 病院でのコミュニケーション

生活の中で関わりの多い場所に病院があります。きこえない人も同様です。それだけに手話通訳派遣の中でも1番派遣件数が多いのが医療に関するものです。

近年は手話通訳者と一緒に行き、診察の受付から終了まで手話で情報を得られるようになりましたが、まだ手話通訳制度が充分でなかった時は不都合なことが多くありました。1番困ったのは、名前を呼ばれたときに気づかないことでした。あらかじめ受付の人や看護師にきこえないことを伝えていても、忘れられて音声で呼ばれ、気づかないこともしばしばありました。

今でこそ手話通訳の制度ができ、ろう者も安心して受診できるようになりました。しかし、手話通訳者が同行するということは、プライバシーを知られるということです。診察の時、手話通訳者を介するので、手話通訳者には自分の病気等の情報を知られてしまいます。もちろん、手話通訳者には守秘義務がありますので秘密は守られています。手話通訳者を依頼するかどうかは、きこえない本人が決めることです。周りの人が「手話通訳を頼めばいいのに」と思うことでも、最終的に決めるのは、本人であることは忘れないで欲しいと思います。ろう者が1人で病院に行き、医師に「手話通訳者と一緒に来てください」と言われることがありますが、そのろう者にとっては不本意なことかもしれません。

ある病院はあらかじめ「熱がでたのは、いつからですか?」「どこが痛いですか」「熱はありますか」「気になることありますか」が書かれたカードを複数用意して、内容にあわせてカードを見せて対応してくれるところがあり、とても嬉しく思いました。これが本当のバリアフリーだと思います。

また、手話通訳者を同行してもレントゲン室には手話通訳者は入室を控えることが多いです。バリウム検査はちょっと体の向きがズレるとやり直しとなってしまいます。文字や図で動きの指示をしてくれる病院があり、そこではとても安心してスムーズに検査ができました。

入院した時などは、看護師さんの声を文字変換でき、返事を文字入力することがで

きるアプリを使ってコミュニケーションができるようになりました。

手話通訳者や介助者が付き添って病院などに行くと、医師や看護師はどうしても手話通訳者、介助者の方に向いて説明することがあります。関わっているのは、当事者本人なのに残念です。主体は誰なのかはどんな場面でも意識してほしいと思います。

付き添いが家族の場合も同様です。きこえないから家族が答えた方がスムーズにいくと思うのかもしれませんが、本人の自己決定する権利を尊重することを忘れないでほしいと願ってやみません。

手話通訳、筆談、カードなど、きこえない本人がコミュニケーションの方法を選択し、うまく使い分けられるといいと思います。

〈話し合ってみましょう〉
・レントゲンの検査はどのようにしているのでしょう。
・入院した時はどのようにコミュニケーションをしているのでしょう。

6. お店でのコミュニケーション

コロナ禍が始まってから、レストランや居酒屋では、タブレットやスマホで注文をするところが増えてきましたが、これはきこえない人にとっても、好都合なシステムです。以前であれば、例えばサラダを頼むと「ドレッシングはいかがなさいますか」などと聞かれても何を言われているのか分からなくて困ることがあったのです。

また、コンビニでは、店員が感染防止の為にマスクをつけています。コンビニのレジではいろいろと聞かれることが多いものです。「お箸はいりますか」「温めますか」「袋はいりますか」。マスクで口元が見えない

と、聞かれていることすらもわかりません。一部のコンビニでお箸、レンジ、袋等の絵が描かれたシートを置いたところ、好評で他のコンビニでも取り上げられるようになったそうです。これは、きこえない人だけでなく、きこえにくいお年寄りはもちろん、日本語の分からない外国人にも役立っているようです。

7. まとめ

近年はICT技術が進み、音声認識アプリなどがいろいろと開発されてきました。きこえない人同士で情報交換し、それぞれ使いやすいアプリを利用しながら、情報を取得できるようになりました。電車での移動中などにトラブルがあった時は車内放送のみで知らされることが多いのですが、これらのアプリなどを活用して情報が把握できると、次の行動に移すこともできます。ただ、そういうICT技術の発展ですべてが解決できるわけではありません。周りの人が気づいて支援し合う社会になってほしいと思います。

2022（令和4）年5月に障害者情報アクセシビリティ・コミュニケーション施策推進法が施行されました。これは、2010年に始まった「We Loveコミュニケーション」パンフレット普及・署名運動からの長い運動が実ったものです。

この法律の主旨は、「障害のない者と同一内容の情報を同一時点において取得」すること等を基本理念とし、私たちが情報を「受け取る」だけでなく「発信する」時も手段を選ぶことができることです。すなわち「いつでも、どこでも、だれとでも」手話でコミュニケーションが取れる環境になるということです。

「情報・コミュニケーションは私たちの

尊厳や人権が保障され、私たちが社会参加をするために欠かせない権利」という理念を社会に浸透させるために、皆が共通の理解をもって、環境作りをしないことには、社会が変わることはありません。法律はきっかけに過ぎず、皆の心の持ちようが社会を変えていくのです。

　障害の有無にかかわらず、すべての命は尊く等しくかけがえのないものです。障害者情報アクセシビリティ・コミュニケーション施策推進法も合理的配慮の１つです。しかしながら現在の社会・生活環境は、大多数である障害のない人に適したものになっています。

　「合理的配慮」とは、障害のある人ない人が関わり合い、互いに理解し認め合い少数派である障害のある人にも使いやすい環境を提供することです。そうすることで共に生きる社会（共生社会）の実現に近づいていくのだと思います。

　次は手話言語法制定に向けての運動が進められています。また、きこえない子どもたちの未来を守り、手話通訳者の身分保障など課題を解決し、きこえない私たちが本当の人間らしい暮らしができるようにするために、更に運動を拡げていきたいと思います。

講義 基礎編

障害者福祉の基礎

1．障害のある人の実数

　一口に「障害者福祉の基礎」と言っても、障害の種別や程度、分野別（教育、労働、生活、情報、コミュニケーション、移動、政治参加など）、国際比較など多岐にわたります。本稿では、「基礎」をさらに絞り込み、手話に携わる人にとって最低知っておいてほしい事柄を掲げます。他の参考文献と合わせて、自身の「基礎」を分厚くしてほしいと思います。

　最初に明らかにしておきたいのは、障害のある人（以下、障害者）の実数についてです。政府の最新データによると（令和5年版障害者白書）、その総数は1,160万2千人となっています。内訳は、身体障害者436万人、知的障害者109万4千人、精神障害者614万8千人です。人口比でみると約9.2％となります。年次別でみていくと、明らかに増加傾向を示しています。厚生労働省の担当部署の見解からは、絶対数が増えているのか、調査方法によるものなのかははっきりしません。なお、上記の身体障害者のうち、聴覚障害者は34万1千人となっています（平成28年 生活のしづらさなどに関する調査より）。

　上記の数で障害者のすべてが含まれるかとなると、そうではありません。大きなグループが2つ残っています。1つは、認知症の人です。政府の推計値では（平成29年版高齢社会白書）2025（令和7）年度には675万人になるとしています。こちらの数は、今後の急増が予想されています。

　もう1つが、「谷間の障害」と言われる人です。その多くは、障害者手帳は取得できないものの、社会生活や就労場面で制限や支障の少なくない人たちです。具体的には、ロービジョン（矯正が効かないなど）や色の識別の困難な人、聞こえにくい人、難病や高次脳機能障害の人、また外見上は障害とはわかりにくい精神面の障害や発達障害、てんかん、各種の依存症にある人です。関係の学会や団体の数値を積み上げると、「谷間の障害」にある人は1,000万人を大きく上回ります。

　WHO（世界保健機関）は、2011（平成23）年の「障害に関する世界報告書」で、「障害者数は人口比の15％」と明示しました。日本は、手帳所持者や認知症の人、「谷間の障害」にある人を合わせると、欧米の主要国同様に20％余と推定していいのではないでしょうか。

　ここで、「障害」がいかに一般的なテーマであるかについて考えてみましょう。はっきり言えることは、人口に障害者の占める割合が20％余となると、身内を含む自身と障害の距離感は、だいぶ縮まるのではないでしょうか。さらに、厳密かつ冷静に考えれば、人生の最期を迎える時は、期間や程度の差こそあれ、例外なく障害状態に遭遇するのです。少しばかり想像力を働かせれば、すべての人が障害と不可分であることを理解できるように思います。「障害」は、文字通りみんなのテーマなのです。

２．障害者権利条約が誕生するまでの足あと

　「障害者福祉の基礎」を学ぶうえで、最も近道で、そして最も確実なのは障害者権利条約（以下、権利条約）を熟知することです。熟知とまではいかなくても、大きくとらえておくことです。仕事や活動面で壁にぶつかったり疑問が湧いてきたときなどに立ち戻る拠りどころや視座になってくれるはずです。

　本稿では、この権利条約を３つに区分して記します。１つ目は、障害分野に関する国際的な関連動向の足あとで、権利条約の前史と言っていいと思います。２つ目は、権利条約そのものの解説で、概要と特徴を述べます。３つ目は、権利条約でとくに重要な条項ならびに手話に関するすべての条項を掲げます。これらを通して、障害分野で多用されるキーワード（キーセンテンス）に接したり、日本の障害関連政策の水準を感じてもらえればと思います。

　早速、１つ目の権利条約の前史から入ります。前史において、圧倒的な存在感を放つのは、「完全参加と平等」をメインテーマとする国連が定めた国際障害者年〈1981（昭和56）年〉です。これに伴う国連総会でいくつもの大切な事柄が決議されています。「ある社会がその構成員のいくらかの人々をしめ出すような場合、それは弱くもろい社会なのである」「障害者は特別の人間ではない。特別のニーズを持つ普通の市民である」〈1979（昭和54）年〉などはその代表的なものです。この国際障害者年も、忽然と現れたものではありません。その背景には、第二次世界大戦後の人権や障害分野に関する国連を中心とする国際規模での実践と協議の蓄積がありました。人権に関する動きで特筆すべきは、国連憲章〈1945（昭和20）年〉と世界人権宣言〈1948（昭和23）年〉の２つがあげられます。国連憲章には、「経済的、社会的、文化的または人道的性質を有する国際問題を解決することについて、並びに人種、性、言語または宗教による差別なくすべての者のために人権及び基本的自由を尊重するように助長奨励することについて、国際協力を達成すること」（第１条）とあり、世界人権宣言には、「すべての人間は、生れながらにして自由であり、かつ、尊厳と権利とについて平等である」（第１条）、「すべて人は、人種、皮膚の色、性、言語、宗教、政治上その他の意見、国民的若しくは社会的出身、財産、門地その他の地位又はこれに類するいかなる事由による差別をも受けることなく、この宣言に掲げるすべての権利と自由とを享有することができる。」（第２条）とあります。こうした国連憲章や世界人権宣言に導かれるように、国際人権規約〈1966（昭和41）年〉を皮切りに次々と分野別の人権条約が採択されました。個々の分野別条約（女子差別撤廃条約や子どもの権利条約）に先行する形で設定されたのが、国際婦人年〈後に国際女性年と呼称する場合も：1975（昭和50）年〉であり、国際児童年〈1979（昭和54）年〉です。そして、これらに触発されるように、３番目の人権擁護年として国際障害者年が続くことになるのです。

　国際障害者年の設定のもう１つの背景は、人権領域全般の拡充の後押しに加えて、障害分野の固有の発展があげられます。国連における障害分野に関する最初の本格的な規範文書は、1971（昭和46）年の精神薄弱者権利宣言（現在は、知的障害者の権利宣言と表記：第26回国連総会で採択）。これに大きく影響したのが、北欧で育まれたノーマライゼーション思想です。具体的

には、デンマークでの1959年法（バンク・ミケルセン草案）が原点とされています。

　この知的障害者の権利宣言をより発展する形で制定されたのが、1975（昭和50）年制定の障害者の権利宣言でした（第30回国連総会採択）。障害者権利宣言は、障害の範囲や対象分野の拡大という点で、知的障害者の権利宣言とは質を異にするもので、今日の権利条約に通じるものがあります。

　障害者権利宣言を後ろ盾に提唱された国際障害者年は、障害分野に関する国際潮流を大きく変えたと言っていいと思います。「日本の障害分野にとっての黒船」と言われたように、日本にも大きな影響をもたらしました。国連は、国際障害者年の成果を押しひろげようと、国際障害者年に続いて「国連・障害者の十年」〈1983（昭和58）年〜1992（平成4）年〉を設定しました。これらの成果の集約と継承を目的に、「障害者の機会均等化に関する基準規則」が制定されました〈第48回国連総会採択：1993（平成5）年〉。示された22項目の規則は、法的な拘束力こそありませんでしたが、その後の各国の障害関連政策に影響を及ぼすことになります。

　こうした経緯の上に、いよいよ障害者権利条約の登場ということになるのです。直接的なきっかけは、メキシコのヴィセンテ・フォックス大統領（当時）による国連総会での「障害者権利条約を制定しましょう」とする各国への呼びかけでした〈第56回国連総会会期中の2001（平成13）年11月〉。これを受けて権利条約を専門に審議する特別委員会が設けられ、2006（平成18）年12月13日の障害者権利条約の誕生につながりました（第61回国連総会）。

3．障害者権利条約の押さえどころ

　2つ目は、権利条約の概要と特徴についてです。まずは全体像を見てみましょう。実は、あまり知られていませんが、権利条約は同じ理念のもとで2つの条約に分かれているのです。1つは、一般的に呼称されている障害者権利条約であり（本稿が対象としているもの）、もう1つは、障害者権利条約選択議定書です（以下、選択議定書）。選択議定書は18カ条から成り、「権利侵害への救済」に関して、権利条約にはない高い水準の規定を備えています。具体的には、権利侵害を受けた障害者（個人または集団）が、自国で万策が尽きた場合に、国連の障害者権利委員会に直接通報できるなどです。個人通報制度の規定は、女子差別撤廃条約選択議定書や子どもの権利条約選択議定書にも定められています。日本においては、いずれの選択議定書も批准（国内で法的な根拠を持つこと）に至っていません。

　全体像に関連してもう1つ述べておきたいのは、構成上の特徴です。25項目の前文と50カ条の本則から成っています。ちなみに、女子差別撤廃条約は30カ条、子どもの権利条約は54カ条です。権利条約の前文には、権利条約と国連における人権条約全体との関係性が記され、いくつかの重要な内容については本則との重複記述となっています。

　次に紹介したいのは、制定過程での特筆すべき事柄です。審議過程で障害当事者の実質的な参加が成ったことです。このことを最も象徴し、凝縮したフレーズが、「Nothing About Us Without Us」（私たち抜きに私たちのことを決めないで）です。型通りの政府間の交渉のみでの制定であったとしたら、権利条約への障害当事

者の関心と親近感はここまで及んでいなかったはずです。障害に関する国際NGO代表の審議過程での発言は、当時者ならではの意見として、権利条約の内容と水準アップに少なからず貢献しました。

　肝心の内容面ですが、ここでは、全体にかかる重要な考え方に絞ります。なお、本則の50カ条のうち、国内の政策課題に重なるのは33カ条までです。残りは各国の権利条約の履行状況を審査する障害者権利委員会に関する事柄など、国連内部の手続き規定です。以下、重要な考え方をキーワード（キーセンテンス）風にあげ、簡単に解説を加えます。

①「他の者との平等を基礎として」

　権利条約に目を通していると、いくつか気付くことがあります。最初に感じるのは、「他の者との平等を基礎として」のフレーズが多用されていることです。厳密に言うと、35回登場します。権利条約には、特別な権利とか、新たな権利という考え方はありません。もっぱら、障害の無い市民との平等性を強調しているのです。権利条約の真髄と言ってもいいかもしれません。

②新たな障害観

　障害は2つの視点でとらえることが肝要としています。1つは、個々に属する機能障害（聴力や視力、運動機能、知的能力、精神症状など）で、もう1つが、機能障害を持つ人を取り巻く環境（人の態度やさまざまな障壁）との間でもたらされる生きづらさや不利益です。前者を障害の医学モデル、後者を社会モデルと呼びます。「置かれている環境により障害は重くもなれば軽くもなる」という社会モデルの視点を、より重視しようというのが権利条約の基本的な立場です。

③合理的配慮

　いくつもの人権条約の集積の上に権利条約が成り立ったことは既に述べた通りです。そんな中にあって、権利条約固有の考え方がいくつかあります。その代表格が、「合理的配慮」です。簡単に言うと、「障害のある人とない人の平等を確保するための個別的な支援」です。ユニバーサルデザインのように不特定多数を対象とするのとは反対で、あくまでも個別のニーズに基づく、個別の支援となります。また、過度な負担でない限り、合理的配慮を怠った場合には差別に該当するとしています。

④アクセシビリティ

　アクセシビリティは合理的配慮ならびにさまざまな権利に先行しての、言わば事前的環境整備の性格を有しています。当然ながら、アクセシブルであればあるほど合理的配慮は実施しやすくなります。ユニバーサルデザインと共通する点が少なくありません。アクセシビリティは、自由や平等、自立を裏打ちする基本的な権利の1つであり、各種の人権条約の実質化を通じて培われてきた広く深い概念です。その点で、権利条約の邦訳（政府訳）で、アクセシビリティを「利用の容易さ」としているのは適切ではありません。交通や建物、情報との関係はもちろん、すべての分野、あらゆる権利と関連づけてとらえることが肝要です。

4．障害者権利条約と手話

　3つ目は、手話に関連する条項の紹介です。これに先立って、手話関連の条項を支える重要な個別条項を掲げます。これらは、前項で述べたキーワード（キーセンテンス）と合わせて、権利条約の真髄に重なるもので、手話の関連条項を正確に読み解くうえ

からも大切になります。

　主なものは3点です。1つ目は、「固有の尊厳」(第3条 一般原則)です。権利条約は、障害のある人に関する法制一般の発展を展望していますが、並行して、個を尊重する姿勢をとっています。日本国憲法第13条の「すべて国民は個人として尊重される」とも重なります。2つ目は、「障害者に関する定型化された観念、偏見及び有害な慣行(性及び年齢に基づくものを含む。)と戦うこと。」(第8条 意識の向上)です。「戦う」と、強い表現を用いていることが注目点です。3つ目は、「その心身がそのままの状態で尊重される権利を有する。」(第17条 個人をそのままの状態で保護すること)です。障害当事者や家族にとっては、何とも気持ちの休まる一文ではないでしょうか。

　次に、手話に関する条項です。直接、「手話」を明示した条項は7つで、以下に抽出しました。手話に携わっている人、聴覚障害者ならびに関係者にあっては、ぜひ押さえておいてほしいと思います。以下、原文のまま掲載します。

①第2条 定義
　「言語」とは、音声言語及び手話その他の形態の非音声言語をいう。

②第9条 施設及びサービス等の利用の容易さ
2　締約国は、また、次のことのための適当な措置をとる。
　(e)　公衆に開放される建物その他の施設の利用の容易さを促進するため、人又は動物による支援及び仲介する者(案内者、朗読者及び専門の手話通訳を含む。)を提供すること。

③第21条 表現及び意見の自由並びに情報の利用の機会
　(b)　公的な活動において、手話、点字、補助的及び代替的な意思疎通並びに障害者が自ら選択する他の全ての利用しやすい意思疎通の手段、形態及び様式を用いることを受け入れ、及び容易にすること。
　(e)　手話の使用を認め、及び促進すること。

④第24条 教育
3　締約国は、障害者が教育に完全かつ平等に参加し、及び地域社会の構成員として完全かつ平等に参加することを容易にするため、障害者が生活する上での技能及び社会的な発達のための技能を習得することを可能とする。このため、締約国は、次のことを含む適当な措置をとる。
　(b)　手話の習得及び聾社会の言語的な同一性の促進を容易にすること。
4　締約国は、1の権利の実現の確保を助長することを目的として、手話又は点字について能力を有する教員(障害のある教員を含む。)を雇用し、並びに教育に従事する専門家及び職員(教育のいずれの段階において従事するかを問わない。)に対する研修を行うための適当な措置をとる。

⑤第30条 文化的な生活、レクリエーション、余暇及びスポーツへの参加
4　障害者は、他の者との平等を基礎として、その独自の文化的及び言語的な同一性(手話及び聾文化を含む。)の承認及び支持を受ける権利を有する。

5. 日本の障害分野をめぐる主要な課題

　以上、権利条約をベースに、「障害者福祉の基礎」を概観してきました。最後に、この権利条約の観点を堅持しながら、「日本の障害分野をめぐる課題は何か」について言及したいと思います。

　課題を考えていくうえで、昨今の障害のある人をめぐる看過できない事象をあげてみましょう。主なものとして、「津久井やまゆり園事件」〈2016（平成28）年〉、中央省庁での障害者雇用水増し問題〈2018（平成30）年〉、ALS患者の嘱託殺人事件〈2019（令和元）年〉、JR駅の無人化問題などがあげられますが、これらの多くは評価が定まらず、裁判で係争中のものもあります。また、福祉施策の課題も少なくありません。介護保険と障害者福祉施策との関係（いわゆる65歳問題）、福祉施策と雇用施策の一体展開、障害者事業所の報酬制度などです。法律面では、障害者基本法や障害者差別解消法、障害者虐待防止法の改正が求められ、「手話言語法（仮称）」の新設が期待されます。いずれもこの国の障害のある人をめぐる課題と深く関係しますが、紙幅の関係で言及は叶いません。ぜひ、関連の資料で深めてほしいと思います。

　そこで、本稿で取り上げる課題についてですが、人権の観点から放っておけないもの、地域生活を実質化するうえで欠かせないものに絞って記します。言い換えれば、最大の未決着問題と早急に切り開くべきテーマで、それぞれ2点ずつ掲げます。

　未決着問題の1つ目は、優生保護法〈1948（昭和23）年〜1996（平成8）年〉をめぐる問題に終止符を打つことです。おびただしい数の障害者が、外科的な方法で生殖機能が奪われました。被害者は、いず

れも高齢期にあります。裁判を長びかせるのではなく、国会と政府の責任で全面解決を図るべきです。全面解決とは、被害者に対する正当な補償と尊厳の回復、徹底検証と責任主体の明確化、再発防止策の明示などです。

　2つ目は、隔離中心の精神障害者政策を根本的に転換することです。異常に多い精神病床と超長期入院の状態は一向に変わりません。加えて、昨今顕在化しているのが院内での身体拘束の多発です。国際的に顰蹙を買い、国内の他の診療科目と比べても、考えられない状況が常態化しているのです。こうした状況は医療行為とはほど遠く、致命的な「障害」（ホスピタリズム）をもたらしていると言われても仕方がありません。欧米並みの病床数の水準を急ぐことであり、地域での生活支援策を飛躍的に拡充していくことです。

　これら2つの未決着問題の解消は、そのままこの国の障害関連政策の基準値の引上げにつながるはずです。基準値の引上げは、障害関連政策の底上げだけではなく、確固たる未来を展望するうえでの安定した足場つくりを意味します。

　切り開くべきテーマの1つ目は、本格的な所得保障制度を確立することです。障害の重い人の多くは、障害基礎年金が主たる収入源です。その金額は、2022（令和4）年現在、一級年金で月額81,020円、二級年金で月額64,816円です。これでは自立した生活は営めません。働くことの困難な障害者の多くは生活保護を受給するか、家族に依存するしかありません。現実には、家族が存在する場合に生活保護の受給に制限が加えられます。本格的な所得保障とは、基礎年金の水準を、少なくとも生活保護制度の生活扶助と住宅扶助の合算程度に引き上げることです。ちなみに、現行の障害基

礎年金制度は、1986（昭和61）年度の創設時以来改められていません。

2つ目は、家族負担をなくすことです。障害当事者からすれば、家族への依存をなくすことです。厚生労働省が懸命に旗を振っている「地域移行」「地域生活」の推進それ自体は誤りではありません。実際にも、地域生活は進んでいます。問題はその内実です。「8050（はちまるごーまる）問題」という言い回しがありますが、高齢の親による全面的な支援でどうにか成り立っているのが実態です。他方で、精神障害者に対する社会的入院問題（超長期入院問題）や知的障害者に対する入所施設偏重政策が問題視されますが、その背景の1つに、家族の支援力の脆弱性があげられます。「家族負担問題」の大元をたどると、日本独特の扶養義務制度にぶつかります。民法には、「直系血族及び兄弟姉妹は、互いに扶養をする義務がある。」（第877条）とあります。家族負担・家族依存を前提とするような地域生活は、本物とは言えません。民法の改正をめざしながらも、当面は政策面での現実的な改善策が求められます。

6．知っておいてほしいキーワード

ここで、本稿全体の文脈からは少し外れますが、障害分野では省けないキーワードをいくつか紹介します。もちろん、これらは聴覚障害分野にも全面的に重なります。紙幅の関係でごく重要と思われるものに絞り、簡単に解説を加えます。掲げた内容をより深めるためには、また他の関連キーワードを知るためには、ぜひ関連の文献を参考にしてください。

●ノーマライゼーション

障害分野を学んだり関心を持った場合、必ずと言っていいほど遭遇するキーワードの1つに、「ノーマライゼーション」があげられます。誕生したのも、育まれたのも北欧で、福祉国家の屋台骨を成す基本的な考え方の1つと言えます。権利条約のルーツとして、国際障害者年〈1981（昭和56）年〉や障害者権利宣言〈1975（昭和50）年〉などを既述してきましたが、これらにも多大な影響を与えてきました。北欧に端を発したノーマライゼーションは、世界の障害分野の根底に染みわたっていると言っていいのではないでしょうか。

提唱者はデンマークのバンク・ミケルセンです。ミケルセン主導で制定された1959年の障害者福祉に関する法律（いわゆる「デンマーク法」）でノーマライゼーション理念が世界で初めて明示されることになりました。初期段階で強調されたのは、「ノーマル（正常）な人に近づけることを目的とするのではなく、障害のある人にノーマルな生活条件を保障すること」としています。そこに至るまでには、1940年代からのスウェーデンでの障害者の人権を確保するためのたゆまない営みがあったことを付け加えておきます。

バンク・ミケルセンと共に、忘れてならないのがスウェーデンのB.ニイリエの存在です。ニイリエは、ノーマライゼーション理念をベースに、独自の「ノーマライゼーションの原理─8つのポイント」を提言しました。具体的には、①1日の生活、②1週間の生活、③1年間の生活、④生涯にわたる暮らしぶり、これらが障害の無い人と同水準かを問い質し、さらには、⑤自己決定、⑥性や結婚の自由、⑦所得保障、⑧住まいを中心とした良好な社会環境、これらの存分な尊重と確保を求めています。こうした原理は、現場での実践のわかりやすい指標となり、ノーマライゼーションの普及

に拍車をかけることになりました。

なお、権利条約には「ノーマライゼーション」の文言は一度も登場しません。それはノーマライゼーションが否定されたわけではありません。条約に散りばめられている、「固有の尊厳」「他の者との平等」「インクルージョン」「私たち抜きに私たちのことを決めないで」(制定過程で多用)などに、発展的に継承されたと言っていいと思います。

●リハビリテーション

リハビリテーションは、非常に大切な考え方でありながら、狭く受けとめられている場合があります。例えば、「病院へリハビリにいく」「温泉でのリハビリテーション」などと言ったように、リハビリテーションを機能回復訓練と同意義で用いることが少なくありません。たしかに、機能回復訓練もリハビリテーションの一部ではありますが、リハビリテーションの全体像を表すものではありません。

リハビリテーションの元々の意味は、権利や尊厳をとり戻すことでした。ヨーロッパでは古くから用いられ、中世では破門の取り消し、近代では無実の罪からの解放、現代では刑務所からの社会復帰や失脚した政治家の政界復帰などで用いられています。人間以外にも用いられ、災害後の復興や都市の再開発などでもリハビリテーションが登場し、決して医学の専門用語ではありません。

障害者とリハビリテーションの関係については、2つの世界大戦(第一次大戦、第二次大戦)を節目に大きく発展しました。まずは戦傷者の機能回復が大事にされますが、回復訓練はあくまでも手段であり、リハビリテーションの基本は職業復帰や社会復帰にありました。

こうしたリハビリテーションをめぐる歴史的な経緯なども踏まえて、上田敏(リハビリテーション専門医)は1970年代の後半に、リハビリテーションの邦訳を「全人間的復権」としました。そこでは、「障害(生活機能低下)」のために、人間らしく生きることが困難になった人の、「人間らしく生きる権利の回復」としています。リハビリテーションの今日的な意味については、権利条約(第26条)にも明記されています。

●バリアフリー

日本でバリアフリーが最初に用いられたのは、1970年代の半ばとされています。国際障害者年とこれに続く「国連・障害者の十年」を通して、ノーマライゼーションなどと並んでバリアフリーは広く社会に知られるようになりました。ただし、当初は、「物理面でのバリア解消」がメインで、実際にも建物や交通関連での政策理念として用いられていました。1980年代から90年代にかけて、建物や交通に関する改善指針の制定が続き、それらを集約する形で〈2006(平成18)年〉に「高齢者、障害者等の移動等の円滑化の促進に関する法律」(通称、バリアフリー法)が制定されました。

その後、バリアフリーは、「心のバリアフリー」「情報やコミュニケーションのバリアフリー」などとも用いられるようになり、考え方についても「物理的なバリアの解消」から「社会的障壁の除去」へと進化することになります。このうち、「情報やコミュニケーションのバリアフリー」に関しては、〈2022(令和4)年〉に制定された「障害者による情報の取得及び利用並びに意思疎通に係る施策の推進に関する法律」(通称、障害者情報アクセシビリティ・コミュニケーション施策推進法)の制定で、新たなステップを刻むことになりました。

なお、権利条約ではバリアフリーに代って、アクセシビリティ（第3条、第9条）が用いられています。アクセシビリティは、その根底に差別禁止の視点を置くもので、バリアフリーをより発展させた概念とされています。ユニバーサルデザイン（第2条）とも相互に補完しながら、あらゆる分野での障壁除去の根拠理念となることが期待されます。

●QOL（クオリティー・オブ・ライフ）

　QOLの邦訳は、命の質、生活の質、人生の質などとされています。国際的に、また一般的に用いられたのは1970年代で、生産性の急拡大や物質的な豊かさの評価の対置概念として台頭しました。量的な評価一辺倒から質的な評価重視への転換を意味するものでした。

　障害分野にQOLの考え方が本格的に導入されたのは、国際障害者年の直後でした。国際障害者年が呼び込んだ進歩的な理念の1つに数えられます。市民社会一般と比較して、平等性や権利性を欠いていることへの警鐘概念と言っていいと思います。例えば、知的障害者の入所施設偏重政策や精神障害者の社会的入院問題、家族依存や孤立状態を放置したままの形だけの地域生活、手話通訳や要約筆記体制の不備も、QOLの不十分さや欠如に当たります。

　障害分野でのQOLに関する明確な定義はありませんが、2000（平成12）年に厚生省（現在の厚生労働省）の考え方が示されています。当時の大臣官房障害保健福祉部が福祉サービス第三者評価事業に関する用語解説で述べたものです。そこには、「従来のリハビリテーションは日常生活動作（ADL）の向上を目指していましたが、最近は生活の質を高めることとなっています。障害者にとっての生活の質とは、日常生活や社会生活のあり方を自らの意思で決定し、生活の目標や生活様式を選択できることであり、本人が身体的、精神的、社会的、文化的に満足できる豊かな生活を営めることを意味します。」とあります。QOLは、客観的な支援体制に加えて、主観的な満足度にも重心を置こうというものです。

●複合差別

　障害に関する複合差別とは、障害に基づく差別に加えてもう1つ以上の差別要素が重なることです。最も典型的なのは障害のある女性をめぐる問題です。その実態について、権利条約の前文は、「障害のある女子が、家庭の内外で暴力、傷害若しくは虐待、放置若しくは怠慢な取扱い、不当な取扱い又は搾取を受ける一層大きな危険にしばしばさらされていることを認め、」（q項）と記しています。複合差別で重要なことは、もたらされる不利益が単純な合算ではなく、掛け算方式のイメージで増幅することです。つまり、障害だけの差別ではみられない、また女性だけの差別でもみられない、2つが重なることでより複雑で深刻な差別現象を生み出すことです。

　複合差別は、障害のある子どもや貧困な状況下にある障害者、障害のある先住民の間でもみられます。権利条約の制定過程において、当初支配的だったのは、既に制定されている女性差別撤廃条約や子どもの権利条約と新たな権利条約を合わせ見ればいいのであって、ことさら「女性」や「子ども」を権利条約に明記する必要がないのではという空気でした。結果的に、NGOの主張が取り入れられ、何よりかかる事態の深刻さから、権利条約に女性と子どもに関する条文が特筆されることになりました。障害分野の未来を考えていく場合に、複合差別の問題は非常に重要なテーマになると思います。

7. むすびにかえて

　むすびにあたり、1つ付け加えておきます。それは手話に携わる人たちへの期待で、絶えず2つの側面を大事にしてほしいということです。1つは、手話に関する知識や技術の研さんを怠らないことです。そして、聴覚障害者に関する政策の動きを正確にとらえることがもう1つです。この両者をバランスよく追い求めてほしいと思います。

　あのタイタニック号を例にとるとわかりやすいのではないでしょうか。豪華客船タイタニック号には幾百もの船室がありました。人の手が何も入っていない船室が皆さんにあてがわれたとします。それぞれ、個人のセンスを生かして内装に着手します。グルっと見て回り、内心で「うちの部屋が1番」とほくそ笑むかもしれません。しかし、この時点で、数十分後に沈没することを誰が想像できたでしょう。もし、氷山にぶつかると分かっていたら、皆さんは力を合わせて船長からハンドルを奪い取ったに違いありません。

　実は、きれいに飾った船室が、手話の知識や技術にあたり、船の針路にあたるのが手話に関する制度拡充を含む聴覚障害者の政策の動きになります。どんなに手話の技が増したとしても、針路が誤っていてはどうにもなりません。本稿で記した「障害者福祉の基礎」は、船の針路を意味します。むろん、何も手を加えない船室では寒風や潮水にさらされ、みんな凍え死んでしまいます。あくまでもバランスが重要であることを再度強調しておきます。そして、この「障害者福祉の基礎」が、針路を見極めるに必要な力を高める一助となることを期待します。

ろうあ運動ときこえない人に関する福祉制度

1.「手話はいのち」、そして私たちの言語

全日本ろうあ連盟は、70年余前に連盟結成大会の会場となった群馬県伊香保温泉の木暮旅館（現 ホテル木暮）に「結成大会記念碑」、そして渋川市市有地に「結成の地記念碑」と2015（平成27）年にそれぞれ記念碑を建立しました。

その結成大会記念碑の裏には「手話はいのち」と記載されています。ろう者の想いが込められた言葉です。

かつて、ろう者は長い間、自分たちの言語である手話言語を「手真似」とあざ笑われ、差別や人権侵害を受けてきました。

また、ろう学校でも、ろう児にきこえる人と同じように日本語を獲得させるため声を出して話し、相手の口の形を読み取る「口話法」教育が推進されたのです。

ろう児たちの間でも手話言語の使用は禁じられ、もし、手話言語を使用しているところが見つかると、その子どもには罰が与えられました。

しかし、そうした困難や差別に屈することなく、ろう児・者は仲間で手話言語を守り、育んできました。そして、自ら差別とたたかい、ろう者自身の権利を守り社会参加を果たすために組織を結成し、ろうあ運動を進めたのです。

その過程で、社会に対し、きこえないことや手話言語への理解を広めていき、きこえない人の暮らしを支える福祉制度の発展や手話言語通訳の制度化に結びつけました。

きこえない人の福祉制度の発展はろうあ運動の発展そのものであり、私たちろう者の想いを社会に伝える言葉「手話言語」は、まさしく私たちのいのちです。

2. ろう教育の始まり

わが国のろう教育は、1875（明治8）年に、京都の小学校に古河太四郎がろう児の学級を開設し、2人のろう姉弟を指導したのが始まりです。そして、古河太四郎は1878（明治11）年には京都盲唖院を開院しました。これがわが国最初のろう学校です。

その後、大阪や東京にろう学校が設立され、1923（大正12）年に政府は公布により、盲学校やろう学校の設置を都道府県の義務としました。

ろう学校が全国各地で開校されたことで、ろう児の集団が生まれ、お互いが身振り手振りでコミュニケーションをとる中で、それが手話言語に発展していきました。また、当初はろう教育に手話言語を活用したろう学校が多かったことも見逃せません。

しかし、1880（明治13）年にイタリアのミラノで開催された第2回国際ろう教育会議で、手話言語を禁じ、口話法を推進することが決議された影響がわが国にも及び、西川吉之助や川本宇之介らによる口話法の啓発活動とあわせて、次第にろう教育から手話言語を排除した口話法が主流となりました。

口話法が主流となる中、「口話法が合うろう児には口話法を、手話言語が合うろう児には手話法を」と、ろう児が言語を選択

できる自由と手話言語を守り抜いた、大阪市立聾唖学校の高橋潔校長は大いに評価されて然るべきです。

ミラノ会議での決議から130年後、カナダのバンクーバーで開催された第21回国際ろう教育会議では、1880（明治13）年のミラノ宣言を却下する決議を採択し、この宣言が有害な影響をもたらしたことを認めました。

しかし、今もまだろう学校（特別支援学校、聴覚支援学校）では、手話言語によるろう教育は十分ではありません。

3．ろう者の集団、そして組織化

それぞれのろう学校の卒業生が同窓会を設立することで、全国各地でろう者集団が生まれました。そして、1915（大正4）年に、日本聾唖協会が設立され、東京や京都、大阪等に支部が設けられていきました。

日本聾唖協会はろう者の社会的地位の向上を図り、手話演劇や美術、スポーツ等の事業を行い、最盛期には会員数1,000人を超えましたが、第二次世界大戦の激化により、1942（昭和17）年に活動は停止させられました。

しかし、終戦から2年も経たずして、1947（昭和22）年の5月25日、全国から「われらの組織を」という思いを胸にたぎらせた約200名のろう者たちが、群馬県伊香保温泉に集結しました。昼夜にわたる議論の末、ろう者の生活や権利擁護を目的に、「ろうあ者による、ろうあ者のための、ろうあ者の組織」である、全日本ろうあ連盟を結成したのです。

ここから、全日本ろうあ連盟が全国のろう者の仲間たちの先頭に立ち、きこえない人の福祉や社会地位の向上を目指して、ろうあ運動が始まったといっても過言ではありません。

4．ろうあ運動と権利獲得

当時のろう者の苦境は、『日本聴力障害新聞』や全国ろうあ者大会で決議されたスローガン等から見てとれます。

「手話のできる福祉司が欲しい」、「ろう者にも運転免許を」、「民法11条の改正」、「ろう者の保護施設を」等、ろう者の社会的地位はきこえる人と比べてはるかに低く、困難な状況に置かれていたことがわかります。

当初のろうあ運動は、議員や行政に要望やお願いをするといった「お願い運動」であったといわれています。

しかし、1960年代に、ろう者たちが「差別」や「権利」に目覚める出来事が起きたことをきっかけに、ろうあ運動は「権利獲得運動」へと発展したのです。

まず、1966（昭和41）年11月に京都で初めて催された全国ろうあ青年研究討論会です。それまで、ろう者は「差別」という言葉さえ知らなかったのですが、ろう者自身の切実な体験を出し合いながら討論を重ねる中で、ろう者の職業選択や結婚や子どもを産み育てる自由、運転免許の取得や親の財産を継ぎ、人間らしく暮らしたいという、ろう者の願いや権利を阻む厚い壁、つまり差別が明らかになったのです。

そして、差別を無くし、ろう者の権利を獲得する必要性に目覚めたろう青年たちは、全国各地で権利獲得運動に取り組んでいきました。

お願い運動から権利獲得運動への転換機となった、この全国ろうあ青年研究討論会は、後に「差別青研」と呼ばれるようになりました。

翌1967（昭和42）年1月には東京のろ

う青年たちの運動により、東京都中野区で行われた衆議院議員選挙立候補者の立会演説会に、初めて手話言語通訳がつきました。ろう者の参政権と知る・きく権利を求めることを象徴する初めての出来事でした。

1968（昭和43）年には、岩手県盛岡市での樋下氏の運転免許裁判をきっかけに、全日本ろうあ連盟は、「ろう者に対して運転免許を認めないのは憲法違反である」と運転免許裁判運動を展開しました。

この裁判は敗訴に終わりましたが、国がろう者の免許取得の是非について検討を始めるきっかけをつくり、1973（昭和48）年に補聴器装着を条件とする事実上ろう者の運転を認めた警察庁通達が出されたことで、ろう者も運転免許が取れるようになったのです。

そして、2008（平成20）年の改正道路交通法では、補聴器を装着しても全くきこえない人は「聴覚障害者標識の表示」と「特定後写鏡（ワイドミラー又は補助ミラー）の装着」を条件に、運転免許が取れるようになりました。

さらに、2012（平成24）年に貨物車は「聴覚障害者標識」と「特定後写鏡（ワイドミラー又は補助ミラー）の装着」を条件として、免許取得が認められました。また、運転できる車両の種類が二輪車や小型特殊自動車にも拡大されました。

そして、2016（平成28）年には「補聴器装着」を条件として営業バスやタクシーを運転できる第二種運転免許の取得も認められました。

60余年前から続けてきた運転免許獲得運動が、ろう者の職域の広がりへと道を拓いたのです。

5. 手話言語ときこえない人の福祉制度

1970年代のろうあ運動では、①自動車運転免許獲得、②民法11条改正、③手話通訳の制度化、④聴言センターの建設、の4本柱を中心とした要望実現のために国会へ7万人分の署名を提出しました。

③手話通訳の制度化、④聴言センターの建設は、「身体障害者福祉法」が大きく関わっています。

ここでは、きこえない人の福祉制度を（1）手話言語関連事業、（2）聴覚障害者情報提供施設、（3）日常生活用具、補装具等に分けて整理します。

（1）手話言語関連事業

1949（昭和24）年に制定された身体障害者福祉法は「障害者の日常生活及び社会生活を総合的に支援するための法律」であり、さまざまな身体障害のある人への福祉事業や福祉施設の設置等を定めています。

身体障害者福祉法で規定されている身体障害者福祉司は、福祉事務所や身体障害者更生相談所に配置が義務付けられている職員です。障害のある人に対する情報提供や相談対応が主な仕事です。

身体障害者福祉法が制定されたとき、全日本ろうあ連盟は「ろうあ者専任福祉司」の設置を国に求めました。

福祉司と手話言語で意思疎通ができなければ、相談もできない、情報も受け取れない、さまざまな福祉制度の活用もできません。

全日本ろうあ連盟は、長年にわたって「手話ができる福祉司を」そして後には「あらゆる公共機関に手話通訳を」と、きこえない人の福祉向上と手話言語通訳者の設置運動に取り組みました。

その結果、厚生省（現 厚生労働省）は1970（昭和45）年に、きこえない人の生活や福祉制度についての理解および手話言語で日常会話ができる人を養成する「手話奉仕員養成事業」を開始しました。

1973（昭和48）年には、公共職業安定所（ハローワーク）に手話言語ができる人を設置する「手話協力員制度」や福祉事務所や役所に手話言語通訳者を設置する「手話通訳設置事業」が始まりました。

1976（昭和51）年には手話奉仕員を派遣する「手話奉仕員派遣事業」も始まりました。

1989（平成元）年に手話通訳士認定試験制度、1998（平成10）年には手話通訳者養成事業のカリキュラム策定、手話通訳者派遣事業開始と、手話言語通訳に関する事業が拡充されていったのです。

「いつでも、どこでも、どんなときでも（手話言語ができる人を・手話言語通訳ができる人を）」、これがろう者の願いです。

（2）聴覚障害者情報提供施設

全日本ろうあ連盟結成時のろう者の苦境の１つの例を示す言葉として、「ろう者の保護施設を」というものがあります。

４本柱の運動でも「④聴言センターの建設」があったように、きこえない人を支援する専門的な施設を、ろう者は求めてきました。

そして、身体障害者福祉法が1990（平成２）年に改正されたのに伴い、「視聴覚障害者情報提供施設」の設置が盛り込まれました。

聴覚障害者情報提供施設は、字幕（手話言語）入ビデオカセットの製作および貸出や、意思疎通支援事業（手話言語通訳者や要約筆記者の派遣や養成等、情報機器の貸出、相談事業等）を行っています。

全国各地に設立された「聴覚障害者情報提供施設」は厚生労働省の資料によれば54か所〈2023（令和５）年４月現在〉です。

（3）日常生活用具、補装具等

障害のある人や子どもが、日常生活や社会生活をより円滑に営むことができるように、必要となる用具や補装具の給付を行うのが、日常生活用具給付等事業と補装具費支給制度です。

いずれも、障害のある人や子どもが在住する市町村に本人、または家族が申請することによって給付または貸与されることになっています。

きこえない人向けの日常生活用具はFAXや聴覚障害者用屋内信号装置、火災警報機、聴覚障害者用情報受信装置（アイ・ドラゴン）、振動式目覚まし時計等があります。補装具は、補聴器の支給や人工内耳音声信号処理装置の修理が含まれています。

きこえない人の生活を支える一助となるのが、日常生活用具や補装具です。

６．すべての人の人権を守るために

1975（昭和50）年３月の衆議院予算委員会で、当時の全日本ろうあ連盟書記長が、国会史上初めてろう者の公述人として出席しました。

そして、民法11条で準禁治産者の要件に「聾者、盲者、唖者」が指定されているために、ろう者は銀行ローンが組めない等、不当な扱いを受けていることや民法11条の改正を訴えました。その結果、1979（昭和54）年の民法11条改正につながりました。

また、障害があることを理由に、医師や看護師、薬剤師等の免許や資格の取得を制限する「障害者欠格条項」の撤廃を求めて

他の障害当事者団体と共に、国会請願運動を展開した結果、2001（平成13）年の法律改正に結びつけることができました。

ろうあ運動は、全ての人権を守り、障害のある人もない人も、人間として同じ権利を持ち、共に暮らせる社会を目指したものに発展したのです。

しかし、これらの成果はろう者だけでは成しえません。きこえる仲間たちと共に取り組んできたからです。

ろう者の生活と権利を守るためには、多くの国民に手話言語やろう者への理解を広げ、手話言語を学んでもらうことが重要です。

1963（昭和38）年に京都で生まれた京都市手話学習会「みみずく」が、日本初の手話サークルといわれています。

「みみずく」が掲げる目的には「手話を学んで、ろうあ者の良き友となり、すべての人に対する差別や偏見をなくしてゆくために努力し、その活動を通じて私たち自身も向上していく」と書かれています。

全国のろう団体が積極的に手話サークルの設立や行政主催の手話講習会等に協力したことで、手話サークルが全国各地で生まれ、ろう者と共に歩むきこえる仲間たちも増えていったのです。

そして、手話サークルで学んだ人たちが手話言語通訳者となり、後に「全国手話通訳問題研究会」が発足、手話通訳士の専門集団として「日本手話通訳士協会」が発足しました。

地域のろう団体と手話サークルの連帯、全日本ろうあ連盟と全国手話通訳問題研究会および日本手話通訳士協会の連帯、つまり、ろう者ときこえる人が連帯することで社会を変える取り組みを行ってきました。

7. 手話言語ときこえる仲間の広がり

2006（平成18）年に、国際連合（国連）総会で採択された障害者権利条約では「『言語』とは、音声言語及び手話その他の形態の非音声言語をいう。」と明記されました。

さらに、日本でも2011（平成23）年の障害者基本法改正で、第3条三「言語（手話を含む。）」と規定されたことにより、手話の言語性が認められたのです。

全日本ろうあ連盟はろう者やろうの子どもたちが①手話言語を獲得する ②手話言語で学ぶ ③手話言語を学ぶ ④手話言語を使う ⑤手話言語を守る、この5つの権利を求めて、2010（平成22）年から「手話言語法」の制定推進運動を展開しました。

2013（平成25）年に鳥取県が手話言語条例を全国で初めて制定し、自治体の手話言語条例制定の後押しとなっています。

一刻も早い手話言語法の制定を求めて、自治体議会から国へ、手話言語法制定を求める意見書を出すよう、全国のろう者の仲間やきこえる仲間と取り組みました。

そして、2016（平成28）年3月に、全1,788自治体議会（47都道府県/23区/790市/745町/183村）の全てで意見書が採択されたのです。

手話言語条例を制定した自治体も498自治体（36都道府県/19区/344市/94町/5村：2023年7月現在）となり、条例に基づいた施策も、ろう乳幼児への支援や災害時の情報提供等、各地域の実状に合わせ取り組んでいます。

また、手話言語や手話言語法制定の取り組みに理解、賛同する自治体の長が入会する「手話を広める知事の会（全47都道府県知事が入会：2023年8月現在）」や「全国手話言語市区長会（会員625市区長/準

会員13町村長：2023年6月現在）」の設立など、きこえる仲間は自治体首長にも広がりました。

　ろう者やきこえる仲間たちの、一刻も早い手話言語法制定をという思いが実現する日もそう遠くないに違いありません。

8. さまざまな分野で障壁が取り除かれ始めた

　日常生活の中で、きこえない人を取り巻く障壁は、電話がかけられない、さまざまな情報を手話言語で受け取ることができない等、情報通信の世界にも立ちはだかっていました。

　しかし、2020（令和2）年に「電話リレーサービス法（聴覚障害者等による電話の利用の円滑化に関する法律）」が制定され、公共インフラとしての電話リレーサービスが制度化されました。

　きこえない人が電話リレーサービスを利用することでオペレーターを介して、手話言語や日本語（文字）で電話をかけたり受け取ることができるようになったのです。

　ついに、きこえない人たちに立ちはだかっていた電話通信における障壁が取り除かれました。

　また、2022（令和4）年5月には、障害のある人の情報アクセスや意思疎通の環境を整備する「障害者情報アクセシビリティ・コミュニケーション施策推進法」が制定されました。

　この法律は、医療、介護、保健、福祉、教育、労働、交通、電気通信、放送、文化芸術、スポーツ、レクリエーション、司法手続等の分野において、障害のある人が情報を受け取るだけではなく発信する際にも、自分に合った手段を選択できることや、国や地方公共団体の責務等を定めています。

　全日本ろうあ連盟はこの法制定を求め、

10年以上もの間、他の障害当事者団体やきこえる仲間たちと共に取り組みを進めてきました。

　情報・コミュニケーションを受ける権利は、私たちの尊厳や人権が保障され、私たちが社会参加をするために欠かせない権利です。

　この法律により、私たちの情報・コミュニケーションがさらに豊かになると確信しています。

9. きこえない人もきこえる人も共に暮らせる共生社会の実現へ

　しかし、真の共生社会の実現にはまだまだ課題が残されています。

　2018（平成30）年9月に兵庫県在住のろう者夫婦2組が旧優生保護法により大きな被害を受けたとして、国に対して国家賠償訴訟を起こしました。

　これはろう者の被害者としては全国で初めての提訴でした。静岡、大阪、東京、仙台、札幌でもろう者やほかの障害のある人が提訴しました。

　戦前に成立した国民優生法、それを引き継いだ1948（昭和23）年の優生保護法は「優生上の見地から不良な子孫の出生を防止する」ことを目的に、障害のある人々を「不良」とみなし、その人々が子どもを産めなくする「不妊手術」や人工中絶手術を本人の同意なくとも実施できるようにしたのです。

　1996（平成8）年に法改正されるまでの約50年間にわたって、多くの人々が不妊手術や人工中絶を強制される等の被害にあい、その中には多くのろう者も含まれています。

　これは、障害のある人は劣っている、障害のある人は不幸であるから生まれないようにする、という、障害のある人に対する

差別意識や優生思想から生まれたものです。

　そして、これは決して昔の話ではありません。2018（平成30）年に大阪府立生野聴覚支援学校前の交差点で、きこえない女子小学生が暴走してきた重機にはねられて亡くなった事故をめぐり、遺族が加害者と会社側に損害賠償を求めた訴訟でも、被告側の主張が問題となりました。

　被告側は、亡くなられた女子小学生が聴覚障害を持つことを理由に逸失利益（生涯の収入見込み額）の基礎収入を、きこえる女性労働者の40％とすべきである、その理由として聴覚障害を持つ者の思考力や言語力・学力は、小学校中学年の水準に留まると主張したのです。そして2023（令和5）年2月、大阪地方裁判所は、きこえないことにより労働能力が制限されることは否定できないと逸失利益を労働者全体の平均賃金の85％とする判決を下しました。

　この主張や判決は、障害のある人はひとりの人間として扱われないという優生思想からきているといえるのではないでしょうか。

　福祉制度やさまざまな分野で障壁が取り除かれても、真の共生社会の実現にはなりません。

　共生社会の実現のためには、一人ひとりの意識が変わらなければならないのです。なぜなら、社会とは人々の集合体であるからです。

　そして、障害のある人もない人、さまざまな国籍を持つ人々が集まっているのが社会です。

　だからこそ、人々の意識が変わらない限り、共生社会は実現しません。

　手話奉仕員養成事業に参加される皆様に改めてお伝えしたいことは、先述の「みみずく」の目的です。

　「手話を学んで、ろうあ者の良き友となり、すべての人に対する差別や偏見をなくしてゆくために努力し、その活動を通じて私たち自身も向上していく」

　手話言語を学び、ろう者と共に歩み、共生社会を作るためには自分も変わらなければ、という思いを持ったきこえる仲間が広がっていくことが、きこえない人もきこえる人も共に暮らせる共生社会の実現につながると信じています。

一般財団法人全日本ろうあ連盟のあゆみ

西暦	元号	月日	事 業 等
1947年	昭和22年	5月25日	群馬県伊香保温泉にて創立
1948年	昭和23年	5月1日	日本聾唖新聞（現在の『日本聴力障害新聞』の前身）を発刊
		5月10日	第1回全国ろうあ者大会の開催（京都）
1950年	昭和25年	5月10日	「財団法人全日本聾唖連盟」設立認可（厚生大臣）
1959年	昭和34年	10月7日	世界ろう連盟に加盟を決議（第9回全国ろうあ者大会）
1966年	昭和41年	11月25日	第1回全国ろうあ青年研究討論会の開催（京都）
1967年	昭和42年	8月13日	第5回世界ろう者会議（ポーランド）に初の日本代表者派遣
		10月23日	第1回全国ろうあ者体育大会の開催（東京）
1968年	昭和43年	2月5日	第1回全国ろうあ者冬季体育大会の開催（群馬）
		3月9日	理事会において「自動車運転免許運動推進中央本部」設置を決定
1969年	昭和44年	5月11日	連盟青年部の発足（熊本）
		10月25日	『わたしたちの手話（1）』創刊
1971年	昭和46年	8月15日	連盟「本部事務所」開所、大阪より本部移転
		11月21日	第1回全国ろうあ婦人大会の開催（京都）
1972年	昭和47年	4月	ろうあ者日曜教室開催事業（国制度）の開始
1973年	昭和48年	6月19日	自動車運転免許運動3万人の請願署名を国会に提出
		8月28日	補聴器着用条件での自動車運転免許取得可能を警察庁が通達
1975年	昭和50年	3月22日	高田書記長、衆院予算委員会で公述
		5月1日	連盟婦人部の発足（名古屋）
1976年	昭和51年	11月27日	連盟による手話通訳認定試験の開始
1977年	昭和52年	2月1日	4本柱（自動車運転免許、民法11条改正、手話通訳制度化、聴言センター）の署名運動開始
		10月20日	『季刊ろうあ運動』創刊
1979年	昭和54年	4月	厚生省委託の「手話通訳指導者養成研修事業、標準手話研究事業」の開始
		12月11日	民法11条改正（盲・ろうあ者の準禁治産者規定を削除）、第90回臨時国会にて全会一致で可決・成立、1980年6月20日施行
1981年	昭和56年	4月	厚生省委託の「ビデオカセットライブラリー制作貸出事業」の開始
1982年	昭和57年	11月29日	厚生省委託「手話通訳制度調査検討委員会」の発足
1985年	昭和60年	5月27日	「手話通訳制度に関する検討報告書」を厚生省へ提出
		8月23日	「アイ・ラブ・コミュニケーションパンフ」120万部普及運動開始

西暦	元号	月日	事 業 等
1986年	昭和61年	6月19日	ろうあ立候補者の政見放送に手話通訳が認められないことに対し、政見放送について全国的運動の展開
			政見放送について全国的運動の展開
1987年	昭和62年	7月	フィンランドで開かれた「第10回世界ろう者会議」で、「第11回世界ろう者会議」は日本開催と決定
1988年	昭和63年	5月15日	連盟老人部の発足（岡山）
		5月20日	「手話通訳認定試験基準策定等に関する検討報告書」を厚生省に提出
1990年	平成2年	7月	季刊誌『みみ』創刊（旧『季刊ろうあ運動』を改題）
1991年	平成3年	7月5日	第11回世界ろう者会議開催（東京）
1993年	平成5年	4月	厚生省委託「手話普及定着事業」の開始
1994年	平成6年	11月2日	連盟主催「アジアろう者リーダー研修会」開催
1995年	平成7年	11月13日	国際協力事業団（JICA）の「アジアろう者リハビリ指導者」研修委託を受けて、実施。その後「ろう者のための指導者」と改称し、継続して研修委託を受けている。
		12月9日	聴覚障害者専用放送をめざす通信衛星による第1回実験放送を行う
1996年	平成8年	6月19日	「テレビの字幕放送での推進を求める請願」が国会本会議で採択
1997年	平成9年	6月11日	連盟50周年記念大会開催
		6月15日	『日本語 - 手話辞典』発行
1998年	平成10年	10月1日	「聴覚障害者を差別する法令の改正をめざす中央対策本部」に参加し運動を展開。222万人以上の署名達成
1999年	平成11年	2月10日	「聴覚障害者を差別する法令の改正をめざす中央集会」を開催（東京）
2000年	平成12年	3月29日	差別法改正令改正運動署名を衆参両議員議長に提出
		5月19日	障害者施策推進本部副本部長（厚生大臣）に署名提出
		9月10日	「聴覚障害者を差別する法令の改正を目指す全国集会」を開催。アメリカのろう者の内科医医師を招聘
2001年	平成13年	6月13日	「道路交通法の一部を改正する法律案」参議院本会議で可決、第88条の欠格条項廃止へ
		6月22日	「障害者等に係る欠格事由の適正化を図るための医師法等の一部を改正する法律案」が可決。27の法律と31の制度の改正により障害者を特定した絶対的欠格条項がなくなる
		7月17日	ろう者に初めて薬剤師免許交付される
2002年	平成14年	1月31日	「社会福祉法人全国手話研修センター」発足
2003年	平成15年	7月1日	「全国手話研修センター」施設整備全国募金活動開始
		8月30日	全国手話研修センター「コミュニティ嵯峨野」開所
2004年	平成16年	3月	社会福祉法人日本身体障害者団体連合会（日身連）から連盟離脱
		10月31日	日本障害フォーラム（JDF）を設立。連盟も加盟
2005年	平成17年	10月31日	障害者自立支援法成立

西暦	元号	月日	事 業 等
2006 年	平成 18 年	4月1日	障害者自立支援法実施
		4月13日	警察庁が全く聞こえないろう者にも条件付きで運転免許がとれるように法改正を発表
		12月13日	「手話は言語である」と定義した「障害者権利条約」が国連総会において全会一致で採択。手話が言語として国際的に認知された
2007 年	平成 19 年	4月1日	特別支援教育制度始まる。学校教育法が改正され、盲・聾・養護学校は「特別支援学校」となった。これによる聾学校の名称変更、聾学校と他障害児学校との統合、併設などの動きに対しては、反対運動が展開されている。現状では、聴覚（特別）支援学校等と障害を明示するのが一般的で、聾学校の名を継続するとしたところもある
		9月28日	日本政府が障害者権利条約に署名
2008 年	平成 20 年	6月1日	道路交通法改正。補聴器装用の代わりに、ワイドミラーと聴覚障害者標識（マーク）の装着の条件で運転免許取得が可能に
2009 年	平成 21 年	6月6日	60 周年記念映画「ゆずり葉」全国上映運動始まる
		12月8日	内閣府に障がい者制度改革推進本部を設置
2010 年	平成 22 年	1月12日	第 1 回障がい者制度改革推進会議開催
		5月31日	60 周年記念映画「ゆずり葉」全国上映運動終了
			上映会実施会場 517 会場、鑑賞者数 15 万人超達成
		8月	「情報・コミュニケーション法（仮称）」の制定を求め、「We Love パンフ普及・署名運動」を開始
2011 年	平成 23 年	3月11日	東日本大震災発生
			東日本大震災聴覚障害者救援中央本部を立ち上げ、被災者支援を開始
		7月29日	改正「障害者基本法」が「言語（手話を含む）」と規定・成立（8月5日公布）
		9月27日	「We Love パンフ・署名運動」で 1,163,876 筆の署名を集め衆参議長・内閣府に提出。「We Love パンフ」は 21 万部超を普及
		10月	「みんなでつくる手話言語法」パンフ発行。全国各地でフォーラム・学習会スタート
2012 年	平成 24 年	4月	障害者自立支援法に変わる新法の制定を求め、衆参議員への緊急要請行動を行う。
		4月27日～5月6日	「2012 世界ろう者卓球選手権大会」開催（東京）
		6月10日	第 60 回全国ろうあ者大会にて連盟新組織「委員会体制」スタート。大会史上最多の 5,000 人を超える参加者が集う
		6月20日	「障害者総合支援法」可決・成立（2013 年 4 月 1 日施行）

西暦	元号	月日	事 業 等
2013年	平成25年	3月9日	手話言語法制定推進運動本部を発足（連盟理事会で承認）
		4月1日	全日本ろうあ連盟が「一般財団法人」を取得
		6月13日	障害者雇用促進法改正　可決・成立
		6月19日	障害者差別解消法　可決・成立
		10月11日	鳥取県で全国初の手話言語条例施行
		11月22日〜24日	「情報アクセシビリティ・フォーラム」（東京・秋葉原）開催
2014年	平成26年	1月20日	障害者権利条約　批准書を国連に寄託
		4月1日	市区町村で初めて北海道・石狩市が「手話基本条例」を2013年12月16日に可決、2014年4月1日に施行
		10月22日	手話通訳派遣拒否裁判で勝利的和解
		12月25日	手話言語法の制定を求める意見書が全国1400を越える地域の議会で採択、都道府県での採択は100%を達成
2015年	平成27年	6月11日	第63回全国ろうあ者大会（群馬）に合わせて伊香保温泉に結成の記念碑を建立
		8月27日〜28日	手話言語法制定を求める全国集会−夏の陣−を開催
		12月11日	手話言語法制定を求める全国集会−冬の陣−を開催
			全国市町村での手話言語法の制定を求める意見書採択が99.9%を達成（残り1町）
		12月12日〜13日	「情報アクセシビリティ・フォーラム2015」（東京・秋葉原）開催
2016年	平成28年	3月3日	「手話言語法制定を求める意見書」全国の自治体議会で採択率100%達成
		4月14日、16日	熊本地震発生　熊本地震聴覚障害者支援対策本部を立ち上げ、被災者支援を開始
		10月〜	ドキュメンタリー映画「段また段を成して」上映会活動（鑑賞者3万人達成）
		12月	「人工内耳に対する見解」「手話マーク・筆談マーク」を発表
2017年	平成29年	6月	創立70周年記念大会開催
			第112回世界ろう連盟理事会（5月29日〜6月2日）招致（福岡）
		6月12日	障害者スポーツ・パラリンピック推進議員連盟「デフリンピック支援ワーキングチーム」発足
		6月20日	『創立70周年記念誌〜社会への完全参加と平等をめざして〜』を刊行
		10月	手話を広める知事の会全都道府県加入
		12月	国連が9月23日を「手話言語の国際デー」と制定

西暦	元号	月日	事 業 等
2018年	平成30年	1月	旧優生保護法下の強制不妊手術問題について、対策チームを立ち上げ、実態調査を実施
		6月	評議員会にて「デフリンピック日本招致に関わる特別決議」採択
		9月23日	国内で「手話言語の国際デー」記念イベント開催
		10月24日	国会（首相所信表明）中継に初めて字幕が付与される
2019年	平成31年	3月25日	気象庁の緊急記者会見において手話言語通訳者の試行配置を開始
		4月24日	旧優生保護法下における強制不妊手術等の被害者への一時金支給の法律施行
	令和元年	10～11月	創立70周年記念映画「咲む」制作
2020年	令和2年	1月	国際ろう者スポーツ委員会会長、事務総長を招聘（東京）
		4月	新型コロナウイルス感染拡大により連盟主催事業をすべて中止
			新型コロナウイルス危機管理対策本部発足
		7月	創立70周年記念映画「咲む」制作発表・初上映（神奈川）
		10月	評議員会開催（オンライン全国4か所中継）・デフリンピック準備室開設
2021年	令和3年	6月	評議員会開催（オンライン全加盟団体中継）
			「優生思想を根絶する運動を強化する特別決議」採択
		7月1日	公共インフラとしての電話リレーサービス　開始
		7月26日	東京2020オリンピック・パラリンピックの開閉会式の放送への手話言語通訳の付与を求める緊急要望
		9月	視覚・聴覚に障害のある当事者4団体が、新型コロナワクチン接種推進担当大臣とオンライン面談
2022年	令和4年	5月19日	「障害者による情報の取得および利用並びに意思疎通に係る施策の推進に関する法律（障害者情報アクセシビリティ・コミュニケーション施策推進法）」制定
		9月10日	第49回ICSD総会にて、第25回夏季デフリンピック東京2025開催決定

第71回全国ろうあ者大会 in おおいた 2023
大 会 決 議

1．誰一人取り残さない、誰でも活躍できる共生社会の実現に向けて、組織や運動の活性化を図ろう

（1）全国の仲間と力を合わせて、ウクライナ侵攻や新型コロナウイルス感染症による社会の不安や混乱にも対応するため、会員一人一人が互いを思う気持ちを持ち、仲間たちの集う場を整えることで、ろう運動の原動力となる強靭な組織体制を構築する。

（2）誰もがICTを活用できる環境整備を求め、ろう者ときこえる人が円滑なコミュニケーションができる社会基盤を構築し、医療・福祉・労働・教育・文化等あらゆる場面で社会障壁をなくす取組みを促進する。

（3）連盟会員の拡大や『日本聴力障害新聞』『季刊みみ』の読者増、出版物の普及、全国手話研修センター後援会の加入及びアイドラゴン4の普及を促進し、連盟と加盟団体が財政基盤の確立、組織強化に向けて運動を展開する。

2．国連障害者権利委員会審査における勧告や、障害者情報アクセシビリティ・コミュニケーション施策推進法施行を契機に、手話言語法制定を実現させよう

（1）「障害者情報アクセシビリティ・コミュニケーション施策推進法」をより実効性を伴うものとするために、国・地方公共団体、民間企業及び司法・医療・福祉・労働・教育・文化等あらゆる分野での情報アクセシビリティのための予算を確保し、取り組むよう求める。

（2）国連障害者権利委員会審査における勧告や、障害者情報アクセシビリティ・コミュニケーション施策推進法の附帯決議にも記載された「日本手話言語法」の制定を実現させ、手話言語は音声言語と対等な言語であるという認識を深め、ろう者を取り巻く社会的障壁の除去をめざす。

（3）国連障害者権利委員会審査における勧告を踏まえ、政府へ我が国の障害者政策の課題について協議を求め、ろう当事者の意見を反映させるとともに、社会へ国連障害者権利条約の理念を広く普及させ、手話言語法制定を求めていく。

3．ろう者を含むすべての障害のある人の基本的人権を守る運動をすすめよう

（1）医療・福祉・労働・教育・文化等、社会のあらゆる場面で障害のある人への合理的配慮の提供が推進されるよう、障害者差別解消法の理念に沿った制度を充実させ、障害当事者が主体となり、ろう者をはじめとするすべての障害のある人が安心して暮らせる社会資源の整備や法改正を求める。

（2）旧優生保護法のもとで行われた強制不妊や中絶手術の被害を受けた当事者やその家族への救済を行うとともに、きこえない、きこえにくい者であることが理由で逸失利益の算定基準を低くされる等、未だ根強く残る障害のある人への差別や優生思想を払拭するよう取り組む。

（3）参政権、保健サービス、司法手続きにおいて、政見放送や議会、司法、行政等、すべての場面において、手話言語をはじめとする視覚的な情報保障の整備の義務づけ、そして、民事訴訟における手話言語通訳費用の負担がないように求める。

4．ろう者のアクセシビリティ向上のため、情報保障体制の強化に取り組もう

（1）社会へ「手話マーク」「筆談マーク」の普及を図ることで、コミュニケーション手段の理解や情報保障に対する認識をさらに高めるとともに、全ての芸術・映像作品をろう者が視覚的情報保障で享受できる環境整備を求める。

（2）国及び都道府県に、意思疎通支援事業について手話言語通訳者等の配置や対面通訳を基本とした拡充を求めるとともに、誰もが「いつでも・どこでも」自分に適した情報保障を自分で選択することができるような体制整備を求める。

（3）あらゆる場面で手話言語へのアクセスとその使用を促進するために、それぞれの分野において専門性の高い手話言語通訳者の確保や養成、身分保障の促進に取り組む。

5．ろう者等の社会参加を促進させるため、社会資源の整備と就労支援の充実の実現に取り組もう

（1）聴覚障害者情報提供施設の更なる機能拡充や、ろう高齢者、ろう重複障害者関係施設の充実等、社会資源の整備を求める。

（2）ろう者が安心して働けるよう、行政や民間企業等すべての職場に対し、合理的配慮提供に対する理解を求め、雇用機会の確保やろう者の特性を踏まえた就労環境を求める。

（3）ろう者等が利用また入所・通所する事業所の報酬等収入の大幅減少や中長期的な経営悪化に対し、事業を安定的に継続するための財政支援を、国及び自治体に求める。

6．ろう児とその保護者が手話言語による教育を受けられる機会を確保し、すべてのろう児が自身のアイデンティティとセルフアドボカシーを確立できるよう取り組もう

（1）ろう児やその保護者が手話言語に触れ、手話言語を獲得・習得できる環境整備と支援施策を進める。医療・教育分野等、ろう児に関わるすべての関係機関に対し、療育・教育ニーズに応えられる情報提供を行うことを求める。

（2）ろう児が自己のアイデンティティを確立できるよう、手話言語の獲得の機会と手話言語による教育を確保し、その基幹となるろう学校の環境改善、存続及びろう教育の専門性の向上を求める。

（3）インクルーシブ教育の流れの中でも、きこえない・きこえにくい子どもの成長、発達を保障するために、セルフアドボカシー（自己権利擁護）によって、ろう児の自尊心を育てることができる教育環境の整備を求める。

7．緊急事態時にろう者の命を守り安心して生活ができる社会にしよう

（1）今後頻発も想定される災害に備え、平常時から防災情報の提供、コミュニケーション環境・ICT（情報通信機器）の活用を含めた情報保障の確保、地域との連携を含む相談支援体制の充実を図り、ろう者自身も被災者支援に取り組める環境作りを行う。

（2）ろう者が全国どこにいても簡便且つ多様な手段で「緊急通報」を行うことができる仕組みづくりを求め、自らとその周辺の命を自らで守ることができる社会づくりを進める。

（3）発災の情報取得、避難所での情報保障の充実のために、アイドラゴン４を避難所・福祉施設へ設置する等、ろう者等が災害に関する正確な情報を把握し、自らが的確な行動ができるよう環境整備を求める。

8．世界のろう者と繋がり、国際協調を深めながら世界平和をめざそう

（1）国際法を守り、他国侵略を許さないという信念のもとに、話し合いによる紛争解決や核兵器の廃絶・地雷等の非人道的兵器の完全撤去等をめざすとともに、戦争によるろう者の難民支援を通して、世界平和を守る運動に協力する。

（2）国連が定めた「手話言語の国際デー」について、ブルーライトアップ運動を通して理解を広めるとともに、連盟のSDGｓ（持続可能な開発目標）の指標を作成し、国連や世界ろう連盟、他の障害当事者団体と協同して、誰一人取り残されることのない社会の実現へ取り組む。

（3）2023年からスタートするアジア太平洋障害者の10年（ジャカルタ宣言）をもとに、アジア圏のろう教育の向上やろう者の社会資源の整備、アジア各国のろう団体の育成と支援および手話言語の認識を高めてもらう支援を、アジアろう児・者友好プロジェクトへの募金活動を通して、積極的に進める。

9．2025東京デフリンピック開催決定を契機に、新たな共生社会の形を創造していこう

（1）ろう者が主体となり、2025東京デフリンピックの大会運営や競技運営を担い、関係団体等のきこえる人との協働により、情報・言語・コミュニケーションのバリアフリーの促進や、きこえる人ときこえない人が共に暮らせる共生社会を実現するためのデフリンピック・ムーブメントを全国各地で推進する。

（2）加盟団体やデフ競技団体とともに、社会へデフスポーツの認知度を高め、デフスポーツの環境を整え、競技力や人間性の高いデフアスリートの育成、発掘を行い、デフリンピックがきこえない子どもやデフアスリートの夢となるように取り組む。

（3）「新たな国際スポーツ大会の運営の形（持続可能な大会）」を、2025東京デフリンピックのレガシーとして、これからのデフリンピックに引き継いでいくため、透明性の確保を目的としたガバナンスを強化しながら国際手話通訳者の養成を含む、質の高い競技運営を行い、2025東京デフリンピックを成功させる。

ボランティア活動

はじめに

　本章では、ボランティア活動について解説をしていきます。まず、ボランティアとは何か、どのように取り組まれているのかを概説します。次に、聴覚障害者に関わるボランティア活動や手話サークルについて紹介します。最後に、手話奉仕員制度の成り立ちなどについて説明します。

1．ボランティアの定義とその特徴

（1）ボランティアの定義

　ボランティアとは、自発的に社会的な活動をする人です。ラテン語の「volo」は英語の「will」に相当し、「自らの意思で〜をする」という意味合いがあり、その派生語の自由意志を示す「voluntas」に人を表す「er」がついて、「volunteer」となったといわれています。イギリス等では、古くは志願兵等もボランティアと言っていたようですが、日本では、社会福祉、医療、教育、環境、まちづくり、スポーツ、国際交流等で無償で活動する人をボランティアといいます[1]。そのボランティア（人）が活動することをボランティア活動（行為）といいます。

（2）ボランティアの3つの特徴

　ボランティアには基本的な3つの特徴が

あるといわれています[2]。

①自発性

　第一の特徴は、自発性です。先程示したように、ボランティアは「自発的」に活動することであり、誰かにやれと言われたからするもの、ましてや他人に強制・強要されてするものではありません。近年では学校や大学等でもボランティア活動が行われるようになって、ボランティア活動のきっかけづくりや裾野を広げています。しかし、それに単位や評価等がついて、それをしないと卒業できないような場合はボランティア活動とは言えないでしょう。大事なことは、自らの意思でするかしないかを選択、決定できる余地があることだと思います。そのうえで、ボランティアをすると決めた場合に、自発性があるといえるでしょう。

　ただし、社会福祉や環境問題、災害等に関しては、困っている人を見過ごせない、子どもの未来のためになんとかしないといけないと、止むにやまれずボランティア活動を始める人もいます。その意味では、単にボランティアする人の独立した意思のみがあるのではなく、私達の人の苦しみや社会問題に対する感受性（受動性）がボランティア活動にとって重要であるとも言えます[3]。また、困っている人のため、良かれと思って手助けしたことがその人にとって迷惑だったり、被害を与えることもあります。それを防ぐには、取り組む活動の背景

1　大澤史伸（2022）『市民活動論―ボランティア・NPO・CSR』学文社、pp.12-13を参照
2　内海成治・中村安秀編（2014）『新ボランティア学のすすめ―支援する / されるフィールドで何を学ぶか』昭和堂、pp.7-10を参照
3　西山志保（2005）『ボランティア活動の論理―ボランタリズムとサブシステンス』東信堂

や相手の思いを聞いたり、学習したうえで取り組む必要があります。つまり、ボランティアは自発的だからと自分の思いだけで活動するものではない、ということです。

②社会性

第二の特徴は、社会性です。社会性とは社会のためになるということです。社会というとわかりにくいですが、介護や環境、災害など住んでいる町にある生活問題に取り組んだり、まちづくりやスポーツ、観光等で町を活性化したり、より良くしていく活動が想定されます。

しかし、社会のためといっても、実際には、例えば、傾聴ボランティアで行く先は近所でお世話になっている習字の先生のお母さんで、傾聴ボランティアに行くとその方のお話が楽しいし、人生の勉強になることがあります。この場合、社会のためではなく、近所の人のため、自分のためと思われるかもしれません。社会性は公益性とも言われますが、仲間内の助け合いである「共益性」、自分の利益のためである「私益」とは異なると説明されます。しかし、実際の社会にはお世話になった先生もいれば、自分やその家族も含まれます。また、社会が良くなると、自分も困ったときに助かります。社会のためだけと考えると「自己犠牲」、自分のことだけを考えると「利己主義」になり、そういうボランティア活動は長続きできないでしょう。

ボランティアの活動は他人のため、自分のためなど、誰のためかを追求すると行き詰まってしまいます。そうではなく、この地球、地域で他人と自分が「共に生きる」という場所的、時間的な関係性を広く見て

みましょう。先に述べたように、他人の困り事を放っておけない、目の前に困った人がいるなかで自分が幸せを感じることができないと考え行動する人がいます。また、自分が元気なときは近隣のために活動し、将来、自分が病気や要介護になったときは、近所の人に助けてもらうという助け合いもあるでしょう。こうして他の人と自分の広い意味での「関係性」に視野を広げるのです。社会のためでもあり、自分のためでもある。そういう活動がボランティア活動につながります[4]。

③無償性

第三の特徴は、無償性です。無償性とは、ボランティア活動の見返り・報酬として金銭を求めないことです。もし金銭的目的でボランティア活動をすると、ボランティアの自発性や社会性が損なわれると考えられるからです。しかし、実際のボランティア活動では、交通費や食事、時には報酬を出してもらうことがあります。これは「有償ボランティア」と呼ばれています。ボランティアの特徴として無償性があるというのに、「有償」ボランティアというのは矛盾していると思われるかもしれません[5]。

しかし、ボランティアの現場の実態として、例えば、ボランティアにいつも助けてもらってばかりいるのは申し訳ないという人がいます。また、交通費の負担が重いので、それを出してくれるなら遠い被災地での支援をしたいという学生もいます。こうした声に対して、有償とすることによって、ボランティア活動を促進できることもあります。また、有償の中身も、金銭的な報酬等だけでなく、その地域のみ使える通貨で

4　柴田謙治・原田正樹・名賀亨編（2010）『ボランティア論―「広がり」から「深まり」へ』みらい、p.9を参照
5　足立清史（2022）『ボランティアと有償ボランティア』弦書房を参照
6　西部忠編（2013）『地域通貨』ミネルヴァ書房を参照

ある「地域通貨」[6]、介護ボランティアをした時間やポイントを貯めて、その分だけ必要なときに介護ボランティアに来てもらう「時間預託」などもあります。国も介護ボランティアを推進するために介護保険制度のなかで「ボランティアポイント制度」を各自治体に促しています[7]。

ただし、こうした有償ボランティアが最低賃金を払わなくてもすむ安上がりな労働者とみられるようになると、実際にその分野で働く労働者が解雇になったり、賃金を押し下げたりすることになります。ボランティアが単に安上がりな労働者にならないよう注意が必要です。

2．ボランティア活動の歴史と現状

（1）ボランティアの歴史

ここからは日本におけるボランティア活動の歴史的な展開について概観しておきましょう[8]。日本はもともと農林漁業が盛んだったので、結や講などと呼ばれる地域の助け合い、相互扶助が各地で行われていました。ただ、このような活動は自発的というよりも、同じ地域に住む住民の義務的な活動だったと考えられます。こうした義務的な関係を超えて、自発的なボランティア活動が取り組まれるようになったのは、明治期に入って西欧的な考えや活動が日本に導入されて以降だと考えられます。例えば、大正時代から大学生が貧困にある地域に行って支援活動を行う「大学セツルメント活動」等が行われました。しかし、その後、戦時体制に入り、多くの国民が徴兵のみならず、「勤労奉仕」として国や戦争に貢献することが義務化されました。この経験が

戦後、ボランティア活動が懐疑的に見られる要因になったと考えられます。

戦後直後の荒廃とその後の経済最優先の高度経済成長により地域の助け合いや活動が衰退したため、地域活動に注目が集まりました。1969（昭和44）年に国の国民生活審議会が『コミュニティ―生活の場における人間性の回復』、1971（昭和46）年に中央社会福祉審議会が『コミュニティ形成と社会福祉』を答申しました。1961（昭和36）年に学生ボランティア会議が開催され、1962（昭和37）年に日本病院ボランティア協会、1965（昭和40）年には大阪ボランティア協会が設立され、1968（昭和43）年には全国社会福祉協議会が「ボランティア育成基本要綱」を策定し、国も1975（昭和50）年に社会福祉協議会の「奉仕活動センター」（後のボランティアセンター）に国庫補助をつけるようになりました。こうしてボランティア活動が徐々に広まっていきました。

1980年代には、住民参加型在宅福祉サービスが広まり、有償ボランティアによる介護サービスの提供が進められました。1995（平成7）年1月の阪神淡路大震災では災害支援にかけつけたボランティアが200万人以上に上り、「ボランティア元年」と呼ばれました。そして、ボランティア団体が活動しやすくなるよう1998（平成10）年に特定非営利活動促進法（NPO法）が成立しまた。その後、2000（平成12）年の社会福祉法の改正で「地域福祉の推進」が規定され、地域住民の助け合いが進められました。介護保険制度でも、先述のように、介護予防活動等で地域住民のボランティア活動が進められることになりまし

7　厚生労働省（2020）『ボランティアポイント 制度導入・運用の手引き』
8　大澤史伸（2022）3章、及び、内海成治・中村安秀編（2014）2章を参照

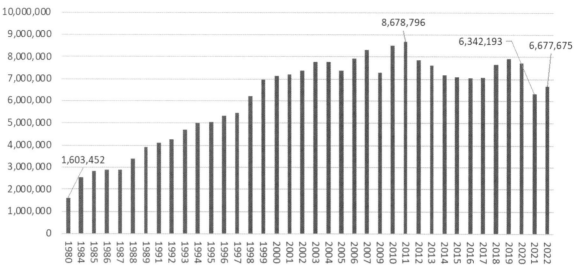

出典）全国社会福祉協議会「全社協 全国ボランティア・市民活動振興センター関係資料」
https://www.zcwvc.net/volunteer/reference/zenshakyo-vc/

【図1　全国の社会福祉協議会が把握するボランティア数の推移、2022年4月現在】

た。2016（平成28）年には閣議決定された『ニッポン一億総活躍プラン』で「地域共生社会」が掲げられ、介護分野を中心に地域のあらゆる分野でボランティア活動が政策的に推進されるようになりました。

（2）ボランティアの現状

では、現在どのぐらいの人がボランティア活動に参加しているのでしょうか。社会福祉協議会が把握するボランティア数の推移（図1）を見てみると、1980（昭和55）年の160万人から東日本大震災があった2011（平成23）年に867万人まで増加し、その後、減少気味となり、また、コロナ禍により活動が難しくなった時期ですが、2022（令和4）年4月現在667万人のボランティアがいます。

具体的な活動状況については、20歳以上の人を対象にした内閣府（2020）『令和元年度市民の社会貢献に関する実態調査報告書』をみましょう。これによると、2018（平成30）年にボランティア活動をした人は17.0％でした。またそのボランティア活動の分野は「まちづくり・まちおこし」29.9％、「子ども・青少年育成」24.1％、「地域安全」23.3％、「自然・環境保全」18.7％、「保健・医療・福祉」17.0％、「芸術・文化・スポーツ」16.8％、「災害救助支援」11.8％などとなっていました。さらに、ボランティア活動に参加した理由については、「社会の役に立ちたいと思ったから」54.5％、「自己啓発や自らの成長につながると考えるため」32.0％、「自分や家族が関係している活動への支援」26.4％、「職場の取り組みの一環として」16.1％と続きました。他方、ボランティア活動への参加の妨げになることについては、「参加する時間がない」51.4％、「ボランティア活動に関する十分な情報がない」34.1％、「参加するための休暇が取りにくい」28.3％、「参加する経費（交通費等の負担）」27.4％、「参加するための手続きがわかりにくい」22.4％などとなっていました。

以上のようにボランティア活動に参加する人は667万人と多いように思われますが、20歳以上の17％と一握りの人しかしておらず、さらに近年減少傾向にあります。

また課題として、ボランティア活動をする時間がないことや情報がないこと、経費がかかることなどが指摘されており、これらの改善が求められています。

3. 聴覚障害者に関わるボランティア活動とその心構え

(1) 聴覚障害者とボランティア活動

聴覚障害者と関わるボランティア活動にはどのようなものがあるでしょうか。さまざまな活動がありますが、いくつか例をあげてみましょう。聴覚障害者の福祉施設での入所者の支援やその施設の夏祭り等のイベント、聴覚障害者団体の3月3日の「耳の日」に開催される集会や講演会や学習会、手話サークルや全国手話通訳問題研究会の活動やイベント、講演会などがあります。個別に知り合いの聴覚障害のある人のために、電話での対応や行政などからの通知文書の説明、窓口へのつきそい等があります。手話通訳ができる人の中にはボランティア活動で通訳をする人もいるでしょう。

ただ、本来はもっと多くのボランティア活動が求められているかもしれません。2005（平成17）年に全日本ろうあ連盟が行った調査によれば、聴覚障害のある人にとって聞こえないことで平日1日に不利や困難さを感じる割合は「よく生じる」が18.4%、「時々生じている」が39.2%、「たまに生じている」が21.5%でした。また、1年に情報やコミュニケーションで困ったり不利だと思ったことを聞くと「医療」が62.7%、「緊急時」（災害や交通機関等）が42.4%、「近隣・地域活動」が27.2%、「買い物」が22.2%、「放送」が17.7%、「家族・親族間」が16.5%と続きました[9]。医療は

手話通訳派遣の多い分野ですが、その他は手話通訳派遣の対象にほとんどなっていない分野です。特に緊急時や買い物では、身近な人が臨機応変に対応することが必要でしょう。そのためには、手話や手話通訳の普及、また聴覚障害者が何に困っているのかの学習が欠かせません。

(2) 手話サークルとボランティア活動の心構え

ここで、ボランティア活動の場として手話サークルを取り上げてみましょう。手話サークルは、主に手話を学びはじめる場として捉えられていると思いますが、手話サークルではそれ以外にもさまざまな活動が行われています。日本で最初の手話サークルは、1963（昭和38）年に設立された京都の「みみずく」だといわれています。聴覚障害者が病院に入院していて、医師等とコミュニケーションがとれない現状をみて、その看護助手が手話を覚えたいと思ったけれども、一人だと長続きしないと言われ夜間高校に集う仲間を集めて手話を学びはじめたことがきっかけだといわれています。その後、1970（昭和45）年に手話奉仕員養成事業、1973（昭和48）年に手話通訳設置事業、1976（昭和51）年に手話奉仕員派遣事業など国の手話通訳事業が展開されてきました。さらに、手話奉仕員養成事業を終了した人を中心に手話サークルづくりが進められるなどして、手話サークルは全国に広がりました[10]。現在では、全国の多くの市町村や学校、職場等で手話サークルが活動しています。

手話サークルについては、全日本ろうあ連盟が1978（昭和53）年に「手話サーク

9　全日本ろうあ連盟（2006）『聴覚障害者のコミュニケーション支援の現状把握及び再構築検討事業報告書』
10　全日本ろうあ連盟（1991）『新しい聴覚障害者像を求めて』全日本ろうあ連盟出版局、pp.223-227、西田朗子（2019）「京都市手話学習会『みみずく』の成立過程と初期の活動」『立命館産業社会論集』55巻1号、pp.87-100を参照

ルに関する指針」を作成し、1991（平成3）年に改訂がなされています。1991（平成3）年の指針の中で、手話サークルは「ろうあ団体の要求と運動の目標実現を支持し、協力する」こと、「幅広い真の意味でのボランティア活動を主任務とする」こと等を確認しています。その上で、手話サークルの目的は「手話学習を通して、ろうあ者問題の理解を深めると共に、社会啓発を行うことにより、ろうあ者の基本的人権の擁護と社会参加を促進すること」としています。また、その活動として、①「手話を正しく学習し、手話普及と社会的な認知を促進する」こと、②「ろうあ者の生活・文化・歴史等を正しく学び、その知識を社会に還元する」こと、③「ろうあ者を含めた障害者の生活・権利の制約を正しく把握し、それをなくすための活動を行う」ことを挙げています。

この指針で述べている手話サークルの目的や活動内容はそのまま聴覚障害者に関わるボランティア活動の心構えになります。要するに、そのボランティア活動が常に「ろうあ者の基本的人権の擁護と社会参加を促進すること」につながっているのかをしっかり考えることです。本テキストにあります神戸市の手話通訳グループ「葦の会」では、手話学習だけではなく、聴覚障害者との交流、聴覚障害者の施設づくりのための募金活動、耳の日記念大会の開催、手話サークル同士の交流や連携、聴覚障害者団体の事務所の電話当番等が行われています。また、福島市の手話サークル「やまびこ会」では、災害時の安否確認、手話言語条例の成立に向けた取り組み、地域の音楽祭のボランティア活動などが行われています。

4. 手話奉仕員養成と手話奉仕員の役割

（1）手話奉仕員養成

最後に、手話奉仕員養成についてみておきましょう[11]。1947（昭和22）年に結成された全日本ろうあ連盟は当初より「手話のできる福祉司」を国や自治体に要求してきましたが、国はまずは手話ができる人を養成するために1970（昭和45）年に手話奉仕員養成事業を開始し、1976（昭和51）年には手話奉仕員派遣事業ができました。これは手話通訳制度の先駆けとなったという意味では大きな一歩でした。しかし、手話通訳は奉仕活動、つまりボランティア活動という印象を広め、手話通訳の専門性に対する認識を遅らせてしまいました。その後、1989（平成元年）年になって第1回手話通訳士試験（手話通訳技能認定試験）が実施され、専門性の高い手話通訳士の養成・認定が始まりました。現在は、障害者総合支援事業の地域生活支援事業のなかで、市町村の必須事業として手話奉仕員養成事業、また手話通訳者等の派遣・設置等を行う意思疎通支援事業が位置づけられています。都道府県・政令市等の必須事業として手話通訳者養成事業と手話通訳者派遣事業、また任意事業として手話奉仕員養成事業や手話通訳者設置事業を実施しています。

さて、厚生労働省の「地域生活支援事業実施要綱」によれば、手話奉仕員養成事業の目的は「手話で日常会話を行うのに必要な手話語彙及び手話表現技術を習得した者を養成し、意思疎通を図ることに支障がある障害者等の自立した日常生活又は社会生

11　手話通訳制度の歴史的経緯については、全日本ろうあ連盟（1991）『新しい聴覚障害者像を求めて』全日本ろうあ連盟出版局、pp.156-174、および植村英晴（2001）『聴覚障害者福祉・教育と手話通訳』中央法規出版、5章を参照。

活を営むことができるようにすること」と
されています。修了後は地域の手話サーク
ル等で活動をしたり、都道府県・指定都市・
中核市等が実施されている手話通訳者養成
事業に参加して、手話通訳を学び手話通訳
者となることが期待されます。

(2) 手話奉仕員の役割

手話奉仕員は手話で日常会話ができるこ
ととされているので、手話通訳ができると
までは言えません。それでは、手話奉仕員
の役割とは何でしょうか。ここでは４点を
挙げたいと思います。第一に、聴覚障害者
が気軽に話せるようになることです。聴覚
障害者は地域社会のなかで自由にコミュニ
ケーションをとることが難しい状況があり
ます。手話ができる人が増えることで気軽
に話ができる人が増え、人間関係が広がり、
社会経験が増え、社会生活を豊かにするこ
とができます。第二に、聴覚障害者の相談
相手、支援者になることです。聴覚障害者
はさまざまな場面で障壁や不利益、差別を
感じています。そうした問題を解消できる
よう相談に乗ったり、支援をすることが期
待されます。第三に、ろう運動・手話通訳
運動の担い手になることです。学校や会社、
地域社会のなかには差別や不利益が根強く
あります。こうした問題に聴覚障害者と共
に解決に向けて地域社会や行政に対して取
り組むことです。第四に、聴覚障害者の社
会参加、地域交流を促すための地域の架け
橋になることです。コミュニケーションを
サポートしたり、聴覚障害に対する理解を
地域に広めていく役割があります。最後に、
手話通訳者養成講座を受講して、手話通訳
者になり、コミュニケーション保障の担い
手になることです。

おわりに

外国語を学ぶとき、言語を学ぶことは、
思想や文化を学ぶことだと言われることが
あります。手話も同様で、手話を学ぶこと
は、聴覚障害者に関わる考えや生活、文化、
歴史、福祉制度などを学ぶことにつながる
はずです。手話を学びながら、聴覚障害者
の暮らしの課題も学び、その解決に向けて
聴覚障害者と共に取り組んでいきましょ
う。最後に、ノーラ・エレン・グロース氏
の『みんなが手話で話した島』(ハヤカワ
文庫NF、2022年) という本があります。
この本によれば、皆が手話で話ができるよ
うになると、耳が聞こえないということが
問題にならなくなるようです。手話ができ
る人が増えることで、日本でもそのような
社会が実現できるのではないでしょうか。

〈参考文献〉
・足立清史『ボランティアと有償ボランティ
ア』弦書房、2022年
・植村英晴『聴覚障害者福祉・教育と手話通訳』
中央法規出版、2001年
・内海成治・中村安秀編『新ボランティア学
のすすめ―支援する/されるフィールドで何
を学ぶか』昭和堂、2014年
・大澤史伸『市民活動論―ボランティア・
NPO・CSR』学文社、2022年
・厚生労働省『ボランティアポイント 制度導
入・運用の手引き』、2020年
・全日本ろうあ連盟『聴覚障害者のコミュニ
ケーション支援の現状把握及び再構築検討
事業報告書』、2006年
・全日本ろうあ連盟『新しい聴覚障害者像を
求めて』全日本ろうあ連盟出版局、1991年
・西田朗子「京都市手話学習会『みみずく』
の成立過程と初期の活動」『立命館産業社会
論集』55巻１号、2019年、pp.87-100

・西部忠編『地域通貨』ミネルヴァ書房、
　2013年
・西山志保『ボランティア活動の論理―ボ
　ランタリズムとサブシステンス』東信堂、
　2005年
・柴田謙治・原田正樹・名賀亨編『ボランティ
　ア論―「広がり」から「深まり」へ』みらい、
　2010年

手話サークル　実践例1
「やまびこ会」（福島県）

【やまびこ会のあゆみ】

　手話サークルやまびこ会は、福島県で最初の手話サークルとして1971（昭和46）年に福島市で活動を開始しました。

　当時は、手話に対する理解もなく、ろう者は差別と偏見によって人として対等に扱われず我慢を強いられていました。社会に対して自分たちのことを分かって欲しい、意見や要望を伝えたいと思ってもろう者の力だけでは限界がありました。きこえる人の力も必要と考える反面、手話を覚えたきこえる人にろう者がだまされるといった問題も発生し、きこえる人に手話を教えたら好き勝手にされてしまうのではないかという不安もありました。

　1966（昭和41）年に京都で全国ろうあ青年研究討論会が開催されました。参加した福島のろう者は「差別」について改めて認識するとともに、他地域のろう者や手話の上手なサークルのきこえる人と交流し大きな刺激を受け、福島でも手話サークルを作ることへの期待が高まりました。福島市は、1968（昭和43）年に第1回全国手話通訳者会議および第17回全国ろうあ者大会が開催された地でもあります。その変革期にやまびこ会は発足しました。

　会員の多くは大学や専門学校の学生でした。ろう者の手話に触れ交流を重ねる中でお互いの理解も深まり、ろう者を取り巻く社会問題についても共に考えることになりました。通訳、街頭署名活動などを通じ集団としていろいろな問題の解決に向けて取り組み、次々と成果につながっていきました。

　やまびこ会の目的は「手話を学ぶとともに、ろうあ者と手をとりあい、すべての人に対する差別や偏見のない社会を実現する」、これまでの歩みを大切にしながら活動しています。

　現在の会員数は約140名、週2回の例会や行事などで交流を図っています。職業は、医療や介護従事者、会社員、公務員、主婦、学生などさまざまです。

　入会の動機も「ろう者と接する機会があるので手話でのコミュニケーションが必要」「ろう者と会話ができるようになりたい」「手話通訳者になりたい」などさまざまですが、それぞれの立場で、それぞれの思いを実現できるようなサークルでありたいと思います。

【やまびこ会の活動のかたち】

　やまびこ会、福島市聴覚障害者協会、福島県手話通訳問題研究会福島班は三団体としての連携を強固にしながら共に歩んできました。それを再確認させられた出来事が、あの2011（平成23）年3月11日に起こった未曾有の災害「東日本大震災」でした。

　当初家屋の倒壊、ライフラインの寸断、食料の不足、止まない余震に先が見えない中、会員同士でなんとか連絡を取り合い、無事を確認しました。その直後に東京電力

福島第一原子力発電所事故が起こり、放射能の恐怖、不安、疲労は福島県民みなが同じだったと思います。そのような時も、三団体で情報を共有しながら、サークルを再開し、できる範囲でイベントを継続しました。

ろう者、通訳者、手話で会話ができる人達と顔の見える関係を絶やさないようお互いに相手を思いながら過ごす数年でした。

2019（平成31）年4月に「福島市手話言語条例」が施行されました。原案は三団体で何度も集まり論議し、市側とのヒアリングを含め協議を重ねた結果、形となりました。

その年の福島市わらじまつりに三団体で参加し、条例施行に向け懸命に尽力いただいた福島市役所の方々と共に喜びを分かち合いました。

【福島市手話言語条例】

やまびこ会の特徴として、サークルの枠にとらわれず「社会・世代との繋がり」を大切にしています。

その1つとして、仙台発祥の「とっておきの音楽祭」が福島市でも行われることとなり、2012（平成24）年より実行委員を兼ね、手話通訳・会場ボランティアとして協力しています。音楽イベントですが、聞こえない方々が楽器の重低音を感じながら楽しんでいる姿が印象的です。

また高齢者施設に入所しているろう者

が、きこえる人の中での孤立を悩んでいる家族からの相談をきっかけに、福島市聴覚障害者協会の方々とペアで施設に訪問し、手話でおしゃべりする時間を設け継続してきました。この活動は、現在、サークルから独立し傾聴団体に発展しています。

このように、他の団体、組織、関係者と手話の普及、発展を目指し協力関係を築いています。

【やまびこ会を見に行こう！】

手話に興味を持つたくさんの方々がサークルに入会しています。その中で難聴者や中途失聴者がどのようにしたら学びやすいか、その対応の仕方に悩んでいました。現在は中途失聴・難聴者協会、要約筆記の方のご協力を得て、個々に合わせた対応ができるよう取り組んでいます。

サークルは、週2回、水曜の夜の部と土曜の昼の部に例会を行っています。

レベルごとに初級・応用・中級に分かれ、それぞれのグループでろう者ときこえる人のペアが進行役となり学習を進めます。きこえる人同士が声だけでおしゃべりすることに対し、ろう者の中から不満の声がありました。例会の時間は手話でのコミュニケーションが中心になるよう「声はお休み手で話そう」を意識しています。

学習開始時に週替わりで指文字・数字・空書・身振りをウォーミングアップとして行っています。これは「指文字が苦手」「空書が読み取れない」といった会員からの声に対応したもの。目が慣れていくことも大切です。

初級テキストは上部に文章、下部は単語で構成され、定期的に見直し、単語や文章

を改訂しながら使用しています。例文の数は少ないのですが、「夏と冬のどちらが好きですか？」を「野球とサッカーのどちらが好きですか？」のように、例文内容を変えるなど工夫しています。

応用のテキストは会話中心に構成され、その中で表情や目線・場所・指さしなどを学習します。年2回実施の「力試し」に合格すると中級へ。

中級ではテーマを設けてのスピーチや新聞の切り抜き・日本聴力障害新聞などを活用し、ろう者が理解しやすい表現方法を学習。また、選挙の時期には候補者の考え、コロナワクチン接種の予約方法、障害年金制度等、その時期に必要な情報を一緒に学び合う大切な場になっています。例会の最後には聴覚障害等に関する単語を1つ、全員で覚えています。

やまびこ会独自の行事ではお花見・バーベキュー・ハイキング・クリスマスパーティーなどを行ってきました。特にクリスマスパーティーでは、グループごとに劇やダンス、手話コーラス等を発表するため、企画・準備・練習と大変盛り上がります。時には意見の相違や衝突も。手話での意思疎通に苦労もありました。手話コーラスでは、ろう者とタイミングを合わせるため肩に触れて合図するなど工夫し、心を1つに素晴らしい表現をすることができました。

また「交流の日」では、ジェスチャーや伝言ゲーム、お見合い大作戦などで、ろう者と楽しみながら交流しています。講演を行う時には、手話通訳と要約筆記による情報保障を行っています。

2020（令和2）年2月からのコロナウィルス感染症のまん延による行事の中止や交流の制限は、イベントや行事が盛んなやまびこ会にとってとても残念なことでしたが、5類感染症に移行となり以前のような活発なサークルに戻ってきています。その時々の状況に合わせながら、これからも「楽しみながら学べる場、ろう者との交流の場」でありたいと思います。

【クリスマスパーティー】

【学習会「みんなで学ぼう」】

〈参考文献〉
・創立30周年記念事業実行委員会『共にあゆんだ30年の歩み』福島聴力障害者会・手話サークルやまびこ会、2001年
・福島県聴覚障害者協会『50年のあゆみ』編集委員会『50年のあゆみ　絆』福島県聴覚障害者協会、2008年
・豆塚猛『道　ろうあ運動を支えた人びと』全日本ろうあ連盟、2016年
・『「福島県ろうあ運動ニュース」500号記念誌〜板橋正邦が遺した運動論〜』福島県聴覚障害者協会、2017年
・40周年実行委員会『40周年記念誌　「結」の心を未来へ』全通研福島支部、2017年
・福島県聴覚障害者協会　DVD「手話を拡める運動　板橋正邦」、2021年

手話サークル　実践例2
「葦の会」（兵庫県）

1．手話通訳グループ「葦の会」

　手話通訳グループ「葦の会」は、1964（昭和39）年に「手話講習会修了生」が、引き続き手話・ろう者に関わっていくことを目指して発足しました。［初代会長：竹中昌子氏〈1914（大正3）年～2002（平成14）年〉］

　京都の手話学習会「みみずく」に次いで2番目にできた手話サークルです。名称について「人間は考える葦…」説と、「河原岸で生息し、風雨に耐えて逞しく成長する葦…」説がありますが、いずれにしろ発足当時のメンバー約10名が熱心に議論されたものと推測しています。又、手話サークルではなく、手話通訳グループとしたのは「聴覚障害者の良き理解者となり、共に真理を究め、お互いの人格向上を図ること」と会則に記されていることから、手話を学んだ聞こえる者として、ろう者と共に活動することを基軸として歩みを始めたことが考えられます。2022（令和4）年に「葦の会」は58年の歴史を歩んでおり、この間、会員の入退会もあり変遷しながら継続しています。長くサークル活動を継続している先輩は「当たり前の様に、ろうあ団体事務所での電話当番・各種会議の通訳・記録などを、半分は楽しみながら担当していた」と当時を振り返ります。

　2022（令和4）年3月末現在手話通訳グループ「葦の会」の会員数は、74名（昼の部：33名、夜の部41名）です。1ヶ月に1回、ろう者が定例会の進行を担当する日を設けており、ゲーム・クイズをはじめ、顔の表情（眉の動き、目の開け方、口形など）表現のコツを学ぶ機会があります。それ以外にろう者と共に行った主な活動について紹介します。

【「葦の会」発足当時の代表者】

◆合同研修会

　週に1回（2時間）の定例会とは違い、環境を宿泊可能な施設に変えての研修を年に1回開催していました。室内運動競技会、電話通訳の演習（黒電話の時代）、全員参加で役割を演じる模擬結婚式、生徒会役員選挙、童話を題材にした演劇発表会などの企画がありました。合同研修会は、学習・交流の場としてとても意義深いものでしたが、現在は1泊研修企画から1日研修企画に変わっています。

◆楽しく手話で歌いませんか

　「兵庫県にも老人ホームを建てるぞ！」

と2002（平成14）年に「ひょうご高齢聴覚障害者施設建設委員会」が旗揚げされ、募金活動が始まりました。それを受けて当時の「葦の会」会長（山原愛子氏）は、きこえる私達にできることはないかと考え、聴覚障害者のコミュニケーション手段である手話を一般市民に理解してもらうこと及び収益を施設建設募金に充てることを目的として、2006（平成18）年から「楽しく手話で歌いませんか」をスタートし、2019（令和元）年まで14回開催しました。課題曲を手話で歌う（表現する）ことも楽しいが、「ろう者によるミニ手話劇」が好評で、複数回参加してくれる方もいます。「楽しく手話で歌いませんか」はコロナ禍により中断していますが、施設建設の支援活動は、2022（令和4）年1月より「きこえないヒトのひとりぼっちをなくそうPROJECT」に名称変更され、継続中です。

◆耳の日記念大会

例年3月にNPO法人神戸ろうあ協会が主催している行事です。式典・記念講演等の主なプログラムの後に「葦の会」として「創作劇」を複数回披露してきました。2020（令和2）年1月からのコロナ禍に伴い、恒例行事が中止・延期となり、残念ですが、再開されれば、何らかの形で参画できればと思います。

◆手話サークル交流会

神戸市内の手話サークル数は、10サークル（2023年現在）あります。それぞれのサークルの定例会は、午前・午後・夜間とさまざまです。「葦の会」も昼の部と夜の部があり、行事開催のときには共同しています。

1980年代「葦の会・こころ・翼」の3つの手話サークル持ち回りで「合同クリスマス会」を開催していました。ろう者の参加も多く、ゲームなど手作り企画で盛り上がったことが思い出されます。

【ろう者によるミニ手話劇】

2．神戸市の手話サークル活動

神戸市内で1964（昭和39）年に手話通訳グループ「葦の会」が活動開始後、1978（昭和53）年、手話講習会修了者によって、学習活動拠点を分散させることを主目的として、新たに2つの手話サークルが誕生しました。これを契機に、サークルの代表者で協議を行い1979（昭和54）年「神戸市内手話サークル連絡会」を立ち上げたと聞いています。

No.	年	手話サークル名
1	1964	手話通訳グループ「葦の会」
2	1978	「灘手話の会」
3	1978	手話サークル「こころ」
※	1979	神戸市内手話サークル連絡会
4	1982	手話サークル「すずめのお宿」
5	1982	手話サークル「ひよこ」
6	1986	手話サークル「たるみ」
※	1986	神戸市手話サークル連絡会（略称：市サ連）
7	1989	手話サークル「若葉」
8		手話サークル「西」
9		手話サークル「すずらん」
10	2002	手話サークル「うはら」＊既存の「ヘラクレス」「踊り松」が合併し名称変更

当初の取り決め事項（4点）

1. サークル間で情報交換する
2. ろうあ協会事務所の電話当番を分担して行う
3. サークル間で行事を調整する
4. 役職及び会則は当面決めない

以後、相互に活動の調整及びろうあ団体と共に活動するようになり「民法11条改正の街頭署名活動」「こうべ手話のつどい」〈1983（昭和58）年～2000（平成12）年〉の開催などを協力して行いました。

1986（昭和61）年、名称を「神戸市手話サークル連絡会（略称：市サ連）」に変更し、会則・会計細則・役員選出等体制を整えて、当初「葦の会」が受けていた神戸市からの助成金を、改めて市サ連として受け、組織的に活動を展開する運びとなったのです。神戸ろうあ協会との「合同研修会」や、両者の選抜メンバーによる「神戸手話研究会」を結成して神戸の地名や市営地下鉄など交通機関の手話表現を創作するなど、全市的な取り組みをしています。2022（令和4）年現在、神戸市手話サークル連絡会加盟サークルは10サークル（最多15サークル）あり、毎月1回の運営委員会を開催し、ろうあ団体の各種委員会活動への参画等『市サ連だより』を通じて情報を発信し、ろうあ協会との協力体制維持に努めています。

3. 兵庫県の手話サークル活動

1972（昭和47）年当時、兵庫県下で個人的、又は小グループで手話の学習をしていた人たちが中心となり、8月27日に「兵庫県手話通訳者のつどい」が開かれ、11月に「手話関係者連絡会（略称：手関連）」が発足しました。その後、「全国手話通訳問題研究会」が設立された流れの中、

1981（昭和56）年に「兵庫手話通訳問題研究会」が結成されました。それを受けて、「手関連」は「兵庫県手話サークル連絡会」に改称し、兵庫県下を6ブロックに分け、組織づくりを進め、継続性のある活動や、ろうあ団体との連携を密にして、活動を円滑にするための議論が何度も重ねられ、一定の役員（会長・副会長・事務局・事務局次長・各委員会委員）は継続性を持たせ、毎年入れ替わるブロック代表を含めた組織体制になっています。

〈参考資料〉

兵庫県手話サークル連絡会

目的

1. 聴覚障害者問題や手話サークルの意義、運営、手話技術の研究、手話の普及を図る。
2. 県下サークルの連帯を深めると共に、各ブロック内サークルの連絡体制の強化を図る。
3. 関係団体との連絡を円滑にし、連帯を強化する。
4. 加盟サークルへの情報提供を行うと共に、サークルからの「生の声」を吸い上げ、他団体に反映させる。
5. 公益社団法人兵庫県聴覚障害者協会の活動（運動）を理解し、県内各地域の聴覚障害者とともに活動するサークルを支援する。

年間活動計画

○県下6ブロック（7地域）で学習会を開催
○研修会・総会を各地域持ち回り開催
○2ヶ月に1度『県サ連だより』の発行
○関連団体『ろうあ兵庫』『ひょう通研ニュース』紙面に県サ連活動の紹介

2022年（令和4年）加盟サークル数

74サークル

2022年、結成50周年を迎えました。

〈引用文献〉
・兵庫県手話サークル連絡会リーフレット、令和4年度版

〈参考文献〉
・神戸市手話サークル連絡会　平成21年度学習会報告「より良い市サ連を目指して」

手話奉仕員養成のための
講義テキスト

執筆者一覧

編集委員会

渡辺正夫（委員長）・赤堀仁美・大杉豊・小中栄一・武居渡・中橋道紀・渡部芳博

講義執筆者

「聴覚障害の基礎知識」　小中栄一（手話奉仕員養成テキスト改訂編集委員会 委員）

「手話言語の基礎知識」　大杉豊（国立大学法人 筑波技術大学 教授）

「聴覚障害者の生活」　唯藤節子（一般財団法人全日本ろうあ連盟 出版・事業委員会 委員）

「障害者福祉の基礎」　藤井克徳（NPO法人日本障害者協議会代表）

「ろうあ運動ときこえない人に関する福祉制度」
　　　　　倉野直紀（一般財団法人全日本ろうあ連盟 事務局次長）

「ボランティア活動」　木下武徳（立教大学 教授）
　（手話サークル実践例1）　手話サークルやまびこ会　篠田路子　間舩芽生　山口志保
　（手話サークル実践例2）　手話通訳グループ葦の会　多賀真里子

手話奉仕員養成のための講義テキスト
990円（税込）

2023（令和5）年9月1日　初版発行
2024（令和6）年2月1日　第2版発行

発　行／©社会福祉法人 全国手話研修センター
　　　　〒616-8372　京都市右京区嵯峨天龍寺広道町3-4
　　　　電話（075）873-2646　FAX（075）873-2647

発　売／一般財団法人 全日本ろうあ連盟
　　　　〒162-0801　東京都新宿区山吹町130　SKビル8階
　　　　電話（03）3268-8847　FAX（03）3267-3445

表紙デザイン／徳江真史

印刷・製本／株式会社プリントパック
　　　　〒617-0003 京都府向日市森本町野田 3-1
　　　　電話（0120）652-125　FAX（075）935-6890

ISBN978-4-902158-57-1 C0037 ¥900E（税別）

●本書の内容の一部あるいは全部を無断で複写複製（コピー）することは著作者および発行者の権利の侵害になりますので、あらかじめ社会福祉法人全国手話研修センターの承諾を求めてください。

社会福祉法人
全国手話研修センター 後援会
入会のお願い

後援会は、手話の大切さや意義を広げ、手話や通訳に関わる多くの人たちのための事業を推進する拠点として全国手話研修センターが発展できるよう応援をしています。

◆私たちはこんなことをしています！

 手話および手話通訳の大切さや意義を広げる

 手話研修センターの事業を支える活動

 手話総合資料室運営の協力

 手話研修センターに対する財政的支援

 後援会ニュースの発行

全国各地で、手話研修センターの役割や事業を知る学習会の開催も行っています。

あなたも、ぜひ全国手話研修センターの応援団の一員に！

◆寄付金は何に使われる？

後援会から全国手話研修センターへの寄付金は、主に『手話総合資料室』の運営に使われています。

手話総合資料室サイト https://jisls.jp/shiryo/

入会のご案内

会員年度：４月〜翌年３月　年会費：１口 1,000 円（何口でも可）
※年度途中でもご入会していただけます。年度ごと更新です。

年会費の振込先

◆ゆうちょ銀行　00900-2-0209681
　名義：社会福祉法人全国手話研修センター後援会
◆**その他の銀行から振り込む場合**
　ゆうちょ銀行　〇九九（ゼロキュウキュウ）店
　店番 099　当座預金　0209681

◆郵便局の払込取扱票（青色）や電信振替をご利用の際は
①住所、②氏名、③氏名のふりがな
④ろう者／きこえる人
⑤連絡先（電話・ファクス・メール等）
⑥所属団体
を記載してお申し込みください。
受付後、会員証を発行します。

社会福祉法人全国手話研修センター後援会　事務局
〒616-8372　京都市右京区嵯峨天龍寺広道町３番地の４
TEL:075-873-2646　FAX:075-873-2647

会員特典や活動内容などの
詳細は後援会公式サイトへ！